Zeit der hundert Abschiede

Helmut Hermann

novum ◢ pro

Dieses Buch ist auch als
e-book
erhältlich.

www.novumverlag.com

Bibliografische Information
der Deutschen Nationalbibliothek:

Die Deutsche Nationalbibliothek
verzeichnet diese Publikation in
der Deutschen Nationalbibliografie.
Detaillierte bibliografische Daten
sind im Internet über
http://www.d-nb.de abrufbar.

© 2016 novum Verlag

ISBN 978-3-99048-620-7
Lektorat: Christine Schranz
Umschlagfoto: Helmut Hermann
Umschlaggestaltung, Layout & Satz:
novum Verlag

Gedruckt in der Europäischen Union
auf umweltfreundlichem, chlor- und
säurefrei gebleichtem Papier.

www.novumverlag.com

Inhaltsverzeichnis

Für meine Frau Martina!

Vorwort

In dem relativ kurzen Zeitraum von Mitte 1943 bis April 1945 erfüllten sich im Hitlerkrieg die Geschicke der Deutschen und Österreicher, die die zweite vernichtende Niederlage innerhalb eines Jahrhunderts erleben mussten. Viele Tausende Menschen haben die Kriegswirren nicht überlebt, andere verloren Haus, Hof, Eigentum und alles, was ein Mensch verlieren kann. Mir persönlich kommt es heute noch wie ein Wunder vor, alle diese Ereignisse relativ heil überstanden zu haben. Im Vergleich zu anderen Menschen lagen meine Lebensabläufe während dieser zwei Jahre stets am Rande einer Katastrophe, jedoch nie im Zentrum derselben, ohne dass ich viel dazutun musste. Wesentlich war vielleicht mein Entschluss, alles zu unternehmen, dem Beitritt zur Waffen-SS zu entkommen. Ich denke, dass meine Initiative, mich freiwillig als Offiziersanwärter zu einer anderen Waffengattung zu melden, richtig war, obgleich meine weitere militärische ‚Karriere' auch sehr oft zu einem Desaster hätte führen können. Ziemlich häufig geriet ich im Kriegseinsatz in unmittelbare Lebensgefahr; dass ich ihr entkam, verdanke ich in erster Linie meinem Schutzengel.

Alles in allem jedoch entdeckte ich, nicht zuletzt mit Hilfe meines Vetters Berti, dass man beim Militär seinen Alltagsablauf mitunter durch ein Quäntchen

Opportunismus verbessern konnte, aber da waren wir zwei ganz sicher nicht allein.

War das Schreiben am Anfang noch ein chronologisches Aneinanderreihen von Ereignissen, so erkannte ich bald die Zusammenhänge zwischen mir und dem Zeitgeschehen im wahrsten Sinn des Wortes: Alles geschah mit mir, ob ich wollte oder nicht. Ich hatte nur zu versuchen, dabei nicht zu stolpern. In diesem Kontext entdeckte ich zum einen, dass Diktaturen wie der Nationalsozialismus durch den tierischen Ernst, mit dem nicht nur der Parteialltag, sondern auch Aufmärsche, Kundgebungen und öffentliche Veranstaltungen abliefen, nicht selten an den Rand von Lächerlichkeit und unfreiwilligem Humor gerieten, zum andern konnte man insgeheim sogar darüber lachen und so die Härte des Daseins etwas mildern. Da mit dem Schreiben auch Erinnerungen an bereits Vergessenes lebendig wurden, konnte ich solche Begebenheiten zu Papier bringen und sie mit entsprechenden satirischen und ironischen Bemerkungen garnieren. Hier vermischt sich oft das eigene Wissen aus Gegenwart und Vergangenheit, was durchaus positiv gesehen werden kann.

Ich wurde von meinen Kindern, Freunden und Verwandten im Verlauf vieler Jahre, vielleicht sogar von Jahrzehnten, immer wieder nach meinen Kriegserlebnissen befragt. Ab und zu wurde auch der Wunsch geäußert, ich solle alles aufschreiben, doch ich zögerte immer, nicht weil ich nicht wollte, sondern weil ich im Grunde zu bequem war, nach so langer Zeit alles wieder ins Gedächtnis zurückrufen zu müssen. Der unmittelbare Anlass war dann im Jahre 2012 das zufällige Wiederfinden meines Kriegsfreundes Walter N. nach sage und schreibe 67 Jahren, in denen wir nichts voneinander gehört hatten. Unmittelbar nach diesem Event kam mir die Idee, doch wieder ideell in die Vergangenheit zurückzukehren und darüber zu schreiben, und danach, so dachte ich, sollte auch Walter seine eigenen Kriegserinnerungen hinzufügen, denn er war ebenfalls im Kampfgeschehen gewesen und so wie ich auch leicht verwundet worden. Dazu kam es leider nicht.

So blieb es bei *meiner* Schilderung der Abenteuer eines Siebzehnjährigen, der durch Krieg und Nazipräsenz um die schönsten Jahre seiner Jugend betrogen worden war. Jetzt habe ich Enkelkinder, die schon ein oder zwei Jahre älter sind, als ich damals war. Trotz aller Negativerfahrungen der letzten Jahrzehnte mit Kindersoldaten in Afrika, mit Flüchtlingswaisen im Nahen Osten und vielem mehr, fehlt mir die Vorstellungskraft, dass sie eines Tages Ähnliches erleben könnten wie ich 70 Jahre zuvor.

I.

KRIEGSTAGE

Beginn des Exodus
aus unbeschwerter Jugendzeit

An einem kühlen Morgen in den Apriltagen des Jahres 1943 wehte der kräftige Frühlingssturm einen fremden Mann zur breiten Eingangstür unseres Gymnasiums in Neutitschein herein. Zielstrebig begab er sich zum Konferenzzimmer, wo er nur einmal kurz anklopfte, und ohne auf ein ‚Herein' zu warten, sofort eintrat. Keiner der Schüler, die ihn beobachtet hatten, erinnerte sich an einen ähnlichen Fall; stets musste gewartet werden, bis man die Erlaubnis bekam, einzutreten. Das galt für alle Besucher, auch für Eltern und ganz besonders für uns Schüler.

Es dauerte nicht lange und die Schüler wussten, dass es sich hier um jemanden handeln musste, der genug Einfluss besaß, sich über herrschende Gepflogenheiten hinwegzusetzen. Und weil wir damals in einer Zeit lebten, in der nichts normal war und die Obrigkeit absolutistische Befugnisse besaß, denen niemand widersprechen durfte, ahnten wir, was den Besucher betraf, nichts Gutes. Fredi John, der Phlegmatischste und Unerschütterlichste in der Klasse, schaute nachdenklich drein: „Dass sich unser Direktor das ohne Widerspruch gefallen hat lassen, hätte ich nicht gedacht. Noch nie ist so etwas vorgekommen!"

„Vielleicht hat er sich's gar nicht gefallen lassen", sagte einer aus der sechsten Klasse, der gerade dazukam, „als ich an der Tür vorbeiging, hörte ich laute und erregte Stimmen, die alles andere als freundschaftlich klangen! Ich habe keine Ahnung, wer der Mann ist, aber ich denke, wir werden es bald erfahren."

Die Geschichtsstunde unter Professor Knopp begann wie immer. Wir mochten den alten weißhaarigen Herrn, den man nach vielen Jahren Ruhestand wieder aktiviert hatte, wie viele andere auch. Die jungen Lehrer waren irgendwo an der Front, um das deutsche Vaterland gegen den Rest der Welt zu verteidigen, ein Unterfangen, das schon zum Scheitern verurteilt war, bevor es begonnen hatte.

Professor Knopp nahm es mit der Einhaltung des Lehrplanes nicht so genau und erzählte uns Fronterlebnisse aus dem Ersten Weltkrieg, Dinge, die für uns große Aktualität besaßen. Und weil er wusste, dass wir Fünfzehn- und Sechzehnjährigen über kurz oder lang auch in den Kampf würden ziehen müssen, versuchte er, uns auf seine Weise ein bisschen die Angst vorm Schießen und Erschossenwerden zu nehmen.

„Die Natur hat uns Menschen die Fähigkeit gegeben", pflegte er zu sagen, „dass wir die Angst vor einer großen Gefahr zu verdrängen imstande sind, noch bevor sie wirksam wird. Stürmen Soldaten gegen den Feind, so wird das Denken an den Tod zurückgesetzt oder sogar ganz ausgeschaltet! Ich habe es immer wieder erlebt." Und als wollte er den Beweis für seine Behauptung erbringen, pflegte er die linke Hand hochzuheben; zwei Finger hatte man ihm im Ersten Weltkrieg weggeschossen und den Rest konnte er nur beschränkt gebrauchen.

Ich hatte meine Zweifel, ob die Sache funktionierte. Die Bestätigung meiner Skepsis erlebte ich anderthalb Jahre später bei einem Sturmlauf auf amerikanische Stellungen. Als die feindlichen Granaten um uns herum einschlugen, hätten wir uns am liebsten in ein Mauseloch verkrochen. Die Angst stand uns allen ins Gesicht geschrieben und sie blieb allgegenwärtig, so als hätte der gute alte Professor nichts zu uns gesagt. Vielleicht waren die Soldaten des Ersten Weltkrieges mutiger gewesen als wir!

Während der Geschichtestunde kam dann die Lösung des Rätsels um den geheimnisvollen Besucher: Begleitet vom Direktor, der ihn als Werber für die Waffen-SS vorstellte, suchte er die oberen Klassen auf, um möglichst viele von uns zu überreden, der Waffen-SS beizutreten, und zwar sollten wir uns freiwillig melden; ein Widerspruch in sich, denn wenn jemand einen anderen auffordert, etwas freiwillig zu tun, wird wieder Zwang daraus. Zur Ehrenrettung meiner Klassenkameraden. Es meldete sich kein Einziger, trotz eindringlicher Worte dieses militärischen Menschenfängers, eines hohen SS-Offiziers, dekoriert mit Eisernen Kreuzen aller Klassen, wie er sagte. Er, der vorsorglich nicht in seiner schwarzen Uniform erschienen war, sondern in schlichtem Zivil, war bei uns trotzdem erfolglos geblieben, denn im ganzen Land war die SS zu dieser Zeit ihrer unmenschlichen Härte wegen schon arg verschrien und verrufen. Allein der Anblick der schwarzen Uniformen mit einem Totenkopf als Emblem verbreitete schon Unbehagen, auch wenn man mit der ‚Schutzstaffel', wie die SS mit dem vollen Namen hieß, nicht direkt zu tun hatte. Sie war 1925 zum Schutz der Person Adolf Hitlers gegründet worden und erhielt 1940 den Namen ‚Leibstandarte‘, ein Terminus, der mehrere Deutungen zulässt, denn Standarte ist zum einen ein fahnenähnliches Feldzeichen und zum anderen der Schwanz eines Fuchses oder eines Wolfes in der Jägersprache. Ob sie das bei der Namensgebung gewusst hatten?

Das Auftreten des SS-Mannes in unserer Schule hatte zwar keinen unmittelbaren Erfolg beim Akquirieren von neuem Kanonenfutter für die SS, aber für mich und meine Freunde stellte sich in diesem Zusammenhang eine sehr wichtige Frage. Was wäre, wenn jeder von uns eines Tages per Post einen Einberufungsbefehl für die SS bekäme? Dann müssten wir ihr doch Folge leisten, ohne Wenn und Aber, und wir wären dann dort, wo wir absolut nicht sein wollten. Auch waren wir größer als einen Meter siebzig, einem wichtigem Parameter für die Tauglichkeit eines zukünftigen SS-Mannes. Gab es da einen Ausweg?

Wir trafen uns in der Konditorei Luchesi, unserem Stammlokal, mein Vetter Hubert Lacheta, der stets lustige Herbert Krumel, der Herbert Pfertner, und noch ein paar andere. Im Hinterzimmer saßen wir auf den rot gepolsterten Stühlen; es war unser Stammlokal, und der Herr Luchesi, ein lange vor dem Einmarsch der Deutschen in die Tschechoslowakei zugewanderter Italiener, sorgte persönlich dafür, dass die ‚Herren Studenten‘, wie er uns liebevoll nannte, ungestört blieben. Ob er ahnte, dass wir mit dem, was die Nazis wollten, nicht unbedingt konform gingen?

Ich weiß es nicht, aber ich denke eher ja als nein, denn wir waren schon rein äußerlich anders als jene, die vom Regime begeistert waren und am liebsten von früh bis spät eine Uniform getragen hätten, die Frisur auf Streichholzlänge gekürzt trugen und schon von Weitem mit ‚Heil Hitler' und zackig ausgestrecktem Arm zu grüßen pflegten. Eine lächerliche Sache, dachte ich, denn sprach man ‚Heil Hitler' etwas schneller aus, wurde automatisch ‚Haitla' daraus, was eher finnisch oder indianisch als deutsch klang.

Auch in unserer Klasse hatten wir ein paar Verrückte, die sich so benahmen und von uns toleriert werden mussten, vor allem, weil wir unsere Ruhe haben wollten; auch war es nicht ratsam, seine Abneigungen öffentlich zur Schau zu stellen.

Manchmal musste man mit den Wölfen heulen und gute Miene zum bösen Spiel machen. Natürlich gab es auch in der Professorenschaft schwarze, richtiger sollte man sagen, braune Schafe. Mit einem dieser sonderbaren Tiere hatte ich eine Begebenheit, die für die Nazimentalität bezeichnend war. Immer wieder mussten wir zu irgendwelchen Parteiveranstaltungen, die im Turnsaal des Gymnasiums stattfanden und deren Besuch Pflicht war, antreten. Auch wurden sie während der Unterrichtszeit abgehalten, so dass wir kaum die Möglichkeit hatten, uns zu verdrücken. Stets trachteten wir, uns möglichst weit hinten im Saal aufzuhalten; dort war man weniger beobachtet und musste weder Aufmerksamkeit noch Begeisterung heucheln. Denn die Themen waren meistens stinklangweilig, was in der Natur der Sache lag. Zum Abschluss mussten die Anwesenden aufstehen und mit erhobener rechter Hand das Deutschlandlied singen, eine Sache, die mich in keine große Begeisterung versetzte, und da ich immer schon ein schlechter Schauspieler war, dürfte man mir diese Aversion wohl angesehen haben. Einer der jüngeren Professoren stand plötzlich vor mir und brüllte wutschnaubend: „Wenn ich noch einmal sehe, dass du dich beim Singen der Deutschen Hymne so respektlos benimmst, werde ich dich zur Anzeige bringen; frage nicht, was dir dann blüht!" Ich hatte keine andere Wahl als mich umzudrehen und wegzugehen, ohne etwas zu antworten. Was ich mir d a c h t e , stand auf einem anderen Blatt. Was ihn dazu veranlasst hatte, so außer Rand und Band zu geraten, ist mir allerdings immer ein Rätsel geblieben.

Natürlich konnte man seine Kritik auch anders kundtun als durch Worte. Als eines Tages wieder so eine solche Veranstaltung im Turnsaal stattfand, bei der ein hochdekorierter Leutnant seine Fronterlebnisse schilderte, in einer monotonen und einschläfernden Art, dass ein großer Teil des Auditoriums bereits nach kurzer Zeit Mühe hatte, die Augen offenzuhalten. Als der wackere Krieger kurz innehielt, um Atem zu schöpfen und einen Schluck Wasser zu sich zu nehmen, da knallte plötzlich ein lauter Furz durch den Raum, dass die Fensterscheiben zitterten. Ich weiß nicht mehr, wie lange die Stille dauerte, die dann folgte. Schließlich brach ein eher verhaltenes Lachen aus, denn hellauf Heiterkeit zu zeigen, war unter den Augen der wütenden

Ordner nicht angebracht. Sie versuchten zwar heraus-
zubekommen, wer der Übeltäter war, aber seine Sitz-
nachbarn hielten dicht und so blieb seine Anonymität
für alle Zeit gewahrt. Der Erzähler hatte keine andere
Wahl, er tat so, als hätte er nichts gehört, und setzte
seinen Vortrag fort.

Nun, es gab in der Tat einen Ausweg aus unserer Misere
mit der SS. Einer der Freunde, ich weiß nicht mehr,
welcher es war, hatte erfahren, dass ein angehender
Soldat mit einem gewissen Bildungsstand nach seiner
Assentierung die Möglichkeit habe, sich als Reserveoffiziersanwärter freiwillig zu jener Waffengattung an-
zumelden, die ihm am meisten zusage. Zu den Fliegern
beispielsweise, oder zur Marine, oder zur Infanterie.
Er bekäme dann eine Bestätigung, dass keine andere
Heeresabteilung mehr auf seine Person Anspruch er-
heben könne, auch die Waffen-SS nicht. Na also, das
war doch eine gute Sache. Wenn man schon in den
sauren Apfel beißen musste, dann sollte es doch in
einer moderateren Art stattfinden und wenigstens
in einem geringen Bereich steuerbar sein. Eine solche
Bestätigung war in unseren Augen Goldes wert und
unter Umständen lebensrettend, auch wenn für mich
der Gedanke an ein freiwilliges Melden zum Militär
erst einmal sehr gewöhnungsbedürftig war.

Wir durften nicht lange zögern. Schon ein paar Tage
später fuhren wir mit der Bahn nach Troppau. Dort
befand sich das zuständige Wehrbezirkskommando.
In der Schreibstube dürften sie sich sehr gewundert
haben, dass plötzlich sechs oder sieben Burschen auf-

tauchten und es verdächtig eilig hatten, sich freiwillig zum Militär zu melden. Die Formalitäten dauerten nicht lange. Erleichtert nahmen wir die ersehnte Bestätigung in Empfang und fuhren wieder nachhause. Meine Mutter, informiert über das, was wir vorhatten, war froh, dass wir diese winzige Möglichkeit wahrgenommen hatten, den weiteren Verlauf unseres Lebens ins Positive zu lenken. Es blieben ja genug Imponderabilien (ein Lieblingsausdruck des Josef Goebbels, der ein Faible für markige Sprüche hatte) für die Geschehnisse der Zukunft übrig. Mein Vater war schon im vergangenen Jahr zum Militär eingezogen worden, wir wussten nur, dass er gerade irgendwo in den tiefen Wäldern der Karpathen Wache schieben musste.

Doch zunächst musste eine andere Hürde genommen werden und es kam zum ersten großen Abschied meines Lebens.

Der letzte Sommer in der Heimat

Wieder begann es im Gymnasium zu Neutitschein, der Hauptstadt des mährisch-schlesischen Kuhländchens. Hier herrschten nach vier Kriegsjahren noch relativ ruhige Zeiten. Dass an den Fronten gekämpft wurde, merkten die Menschen nur, wenn sie das Radio aufdrehten und die Nachrichten hörten. Siegesmeldungen wurden allerdings immer seltener, öfter hörte man von sogenannten Frontbegradigungen, aber was sich dahinter verbarg, konnte man nur ahnen. Und häufiger kamen Todesmeldungen von den Fronten; die Liste derer, die ‚für Volk und Vaterland' den Heldentod erlitten hatten, wurde von Tag zu Tag länger, und sie brachte unsägliches Leid über die Menschen.

Das Leben auf dem Lande nahm seinen Lauf, bestimmt von den Jahreszeiten und den damit verbundenen Arbeiten auf den Feldern. Immer mehr mussten die Frauen zupacken, denn die ‚wehrfähigen' Männer verbluteten an den Kriegsfronten.

In der Zeit vor der Ernte hatte ich, ohne etwas dazu beitragen zu müssen, eine Beschäftigung gefunden, die meine Ferien für ein bis zwei Wochen ausfüllen und etwas abwechslungsreicher gestalten sollte. Der alte Mitschka-Bauer war vom Bürgermeister damit beauftragt worden, alle Getreidefelder Seitendorfs zu begutachten und zu schätzen, welcher Ernteertrag in diesem Jahr zu erwarten sei. Und weil der Bauer einer war, der sein ganzes Leben auf seinen Feldern und Äckern zugebracht und die Landwirtschaft im kleinen Finger hatte, andererseits aber mit dem Schreiben von Zahlen und Buchstaben seine liebe Not erlebte, wandte er sich an die Frau Oberlehrerin um entsprechende Hilfe. Ein Oberlehrer auf dem Lande hat nicht nur die Aufgabe des Unterrichtens, er muss den Dorfleuten bei vielen Problemen des Alltags an die Hand gehen, sie beraten und vor allen Dingen alle möglichen schriftlichen Arbeiten, Eingaben bei Behörden und dergleichen, erledigen. Es war eine Tätigkeit um Gottes

Lohn, schon mein Vater hätte sich eher die Zunge abgebissen, als Geld dafür zu verlangen. Ein ‚Vergelt's Gott' und wenn's hoch ging, ein paar frische Eier, die der Lieferung zur nächsten Sammelstelle entgangen waren, das war alles.

„Ich selbst habe zu wenig Zeit", sagte die Frau Lehrerin zu dem Landwirt, „aber ich kann Ihnen den Sohn meines Vorgängers empfehlen, ich denke, als Gymnasiast wird er Ihnen eine Stütze sein."

So kam es, dass wir beide, der Bauer und ich, gemeinsam loszogen, um die Ergiebigkeit der Seitendorfer Kornfelder zu ergründen. Nun war es so, dass ich den Unterschied zwischen Weizen und Hafer kannte, vielleicht auch den zwischen Roggen und Gerste, aber damit waren meine Kenntnisse in puncto Ackerbau schon erschöpft. Ob ein Feld viel Ertrag bringe oder wenig, davon hatte ich nicht die geringste Ahnung. Die Sache hatte nur einen Haken: Niemand konnte vorhersehen, ob das Wetter während der Ernte günstig sein werde. Schon ein Unwetter mäßiger Stärke hätte genügt, die Getreidehalme niederzudrücken und den Ertrag zu mindern.

Es ist eine schöne Zeit, bei strahlendem Sonnenschein durch die Fluren zu wandern. Ich habe Notizblock und Bleistift bei mir und schreibe auf, was mir Herr Mitschka ansagt. Von jedem Feld, dessen Besitzer er selbstverständlich kennt, pflückt er ein paar Ähren, um sie zu prüfen. Er legt sie in die linke Hand und mit der rechten zerdrückt er sie, bis ein paar Körner aus ihrer Hülle springen; alles geschieht bedächtig und ohne Hast. Manchmal zerbeißt er ein Korn, um den frischen Geschmack zu spüren, dann schiebt er den zerbeulten Hut aus der Stirn und teilt mir das Ergebnis seiner Prüfung mit, nicht ohne noch einen weiten Blick über das betreffende Feld zu werfen, ob das Getreide schütter stehe oder dicht gedrängt.

Ich notiere alles, und am Ende der Begehung wird zusammengerechnet. So und so viel Grund, gemessen in Metzen oder Morgen, bringt so und so viel Getreide, vorausgesetzt, dass kein Hagelschlag alle Berechnungen über den Haufen wirft.

Dann sitzen wir irgendwo am Rain, essen das mitgebrachte Butterbrot, löschen den Durst am klaren Bach und ich fühle mich weit weg von Krieg, Kampf, Sieg und Niederlage. Die Grillen zirpen, hoch über uns trillert eine Lerche ihr fröhliches Lied zur Sonne ... Es hätte nicht friedlicher sein können. Warum konnte es nicht immer so sein? Weshalb müssen die Menschen immer wieder Kriege führen und sich gegenseitig umbringen? Eine Frage, die mich in meinem Leben immer wieder, bis zum heutigen Tag, beschäftigt hat: Warum kommt es immer aufs Neue zu Kriegen mit Hunderttausenden, wenn nicht gar Millionen Opfern, die völlig sinn- und schuldlos sterben müssen? Ich bin zu jung, um zu verstehen, ich höre nur aufmerksam, was die Menschen rund um mich reden, sie reden anders, als wir es in der Schule lernen, und ich reime mir so manches zusammen.

Herr Mitschka will mich etwas fragen, während wir ausruhen am Wegesrand. Sein von Sonne und

Wind zerfurchtes Gesicht wirkt sorgenvoll. Er weiß nicht recht, wie er beginnen soll, denn sein Umgang mit Gymnasiasten hielt sich bisher wohl in Grenzen. Auch ist es nicht angebracht, seine Meinung, wenn sie mit dem herrschenden Regime nicht konform geht, einem Fremden gegenüber frei und offen zu äußern. Hier, in der Natur, ist vielleicht die beste Gelegenheit zu einem Gespräch, unbelauscht und ungestört.

„Heut haben wir ungefähr die Hälfte der Felder gesehen, ich denke, für die zweite Hälfte werden wir noch eine Woche brauchen, dann haben wir unsere Arbeit getan. Weißt du, warum wir das alles tun?", fragte Herr Mitschka. „Nun, die da oben werden wissen wollen, ob es eine gute Ernte geben wird oder ein schlechte", sage ich.

„Das war nicht schwer zu beantworten, aber die Frage ist, w a r u m wollen sie es wissen, bevor das Getreide reif wird?"

„Ich weiß nicht, was Sie meinen."

„Ich will es dir erklären. Warum glaubst du, dass der Hitler den ganzen Osten, Polen, Russland bis zum Ural, erobern wollte? Es ist nicht nur aus taktischen Gründen geschehen. Deutschland braucht die Möglichkeit, so denkt Hitler, sich auszubreiten; es geht nur nach Osten. Hitler will, dass Deutschland auch vom Ausland unabhängig wird, was die Ernährung betrifft. Wir brauchen Kornkammern, Weideland für das Vieh, und auch genug Lebensraum, meint Hitler. Deswegen verbluten unsere Soldaten in Russland. Anfangs ist die Sache gut gegangen, aber der vergangene Winter mit Temperaturen, die sogar für russische Verhältnisse sehr tief waren, hat die Erfolge zum Stillstand gebracht. Unsere Soldaten waren nicht darauf vorbereitet, hatten keine warme Kleidung und zu wenig Waffen, die bei Schnee und Eis, in Schlamm und Dreck funktionieren. Die Russen kamen mit diesen Umständen viel besser zurecht. Nun muss das Eroberte wieder hergegeben werden und ich fürchte, daran wird sich kaum mehr etwas ändern. Der Traum vom Sieg ist ausgeträumt und damit bleibt auch der Wunsch nach einer Unabhängigkeit Deutschlands in Sachen Ernährung unerfüllbar. Sie ahnen es, wollen es aber nicht glauben! Und jetzt fangen sie an zu überlegen, wo sie noch mehr rationalisieren können, und w i e v i e l noch übrig ist zum Rationalisieren!" Und nach einer Weile fügt er, mehr zu sich selbst sprechend als zu mir, hinzu: „… und niemand denkt dabei an das grenzenlose Unrecht, das dabei den Völkern angetan wird. Nein, nein, die Sache ist verloren!"

„Aber man arbeitet doch an neuen Waffen, die bald zum Einsatz kommen sollen!"

„Nein, selbst wenn diese Waffen um vieles besser sind und wirksamer sind als alles vorher, die Waffenfabriken können in so kurzer Zeit nicht so ausreichend genug produzieren, um sie auf allen Kriegsschauplätzen einzusetzen. Ich verstehe nicht viel davon, aber um zu begreifen, dass ein Staat gegen die ganze Welt auf Dauer nicht erfolgreich Krieg führen kann, dazu bedarf es keines großen Wissens, dazu genügt der gesunde Menschenverstand!"

„Sie glauben also, dass der Krieg für uns verloren ist?", frage ich, und zum ersten Mal wird mir die

Härte einer drohenden Niederlage mit allen ihren Konsequenzen bewusst; ein bisschen nur, denn als Sechzehnjähriger hat man einige Reserven an Optimismus. Unangenehme Tatsachen dringen nur zögernd in Kopf und Verstand.

„Ja, Bub, es ist noch keine fünf Monate her, als Stalingrad verloren ging, aber auch an anderen Kriegsschauplätzen mussten die deutschen Truppen Niederlagen einstecken. Die Russen stürmen vorwärts, wir laufen zurück. Sie bekommen jetzt Unmengen Kriegsmaterial aus den USA. Wir können sie nicht daran hindern, auch die Japaner nicht, niemand kann es. Die Russen werden uns überrennen, bis sie in Berlin zum Stillstand kommen! Es ist nicht das erste Mal in der Geschichte, auch Napoleon musste die selbe Erfahrung machen, auch er scheiterte an der russischen Eiseskälte; nur die Russen selber können sie leichter überstehen."

Das Gespräch macht mich sehr nachdenklich. Die Welt um mich ist plötzlich nicht mehr so heil und sonnendurchflutet, ich spüre, was andere vor mir längst gespürt haben, vor allem die Älteren, die noch den ersten Krieg mitgemacht hatten. Auch damals wendete sich nach großen Anfangserfolgen das Blatt, die Deutschen und ihre Verbündeten erlitten die erste vernichtende Niederlage dieses Jahrhunderts. Und nun sollte, fünfunddreißig Jahre später, die zweite nachfolgen. Gesetz der Serie oder logische Abfolge der historischen Geschehnisse?

Viel zu schnell neigten sich die Sommerferien ihrem Ende zu. Ein paar unbeschwerte Tage waren mir aber doch beschieden, obwohl ich immer wieder an das Gespräch mit Herrn Mitschka denken musste. Ich redete mir ein, dass es so schlimm nicht sein werde; aber sprechen wollte ich mit meinen Freunden nicht darüber – noch nicht. Ich musste erst selbst mit mir im Klaren sein, auch fühlte ich instinktiv, dass es für Herrn Mitschka gefährlich sei, wenn ich ihn als Quelle meines Wissens bezeichnete. Schon im Februar hatte Propagandaminister Goebbels mit viel Pathos den ‚Totalen Krieg‘ ausgerufen, seither sind tausende Menschen als Saboteure und Volksschädlinge eingesperrt, verurteilt und hingerichtet worden, aber davon wusste ich fast nichts, und das Wenige auch nur ansatzweise durch Gerüchte, die ich irgendwo aufschnappte. Niemand wusste etwas Konkretes, jeder wusste alles nur vom Hörensagen. Vieles stammte von Schilderungen der Frontsoldaten, die das Glück hatten, einen kurzen Urlaub zuhause verbringen zu können. Ihren Erlebnisberichten und Einschätzungen wurde insgeheim mehr Glauben geschenkt als den offiziellen Nachrichten. Aber auch sie mussten vorsichtig sein in der Wahl ihrer Worte. Wie hieß doch das geflügelte Wort in jener Zeit? ‚Achtung, Feind hört mit!‘ Ein Ausspruch mit Doppelsinn. Die Nazis meinten damit die Feinde Deutschlands, die aus der ganzen Welt ihre Spione zu uns schickten, wir aber, die kleinen Bürger, von der Last des Krieges niedergedrückt, wussten, dass der wirkliche Feind nicht aus dem Ausland kam. Er saß in Parteilokalen, Amtsstuben, Polizeidienststellen, und er war mitten unter uns, der Denunziant, jeder konnte es sein, der Nachbar, der Vorgesetzte. Niemand war sicher vor ihm, weil er kein Gesicht hatte und kein typisches Kennzeichen, an dem man ihn hätte erkennen können, und das machte ihn so gefährlich und unberechenbar.

Der Unterricht im Gymnasium hatte nach den Ferien schon einige Wochen seinen Fortgang genommen, als das Gewissheit wurde, worüber schon seit längerer Zeit gemunkelt worden war. Es war im Grunde nichts anderes als die Konkretisierung dessen, was drüben im ‚Reich' schon seit dem Jahresbeginn praktiziert wurde. Die deutsche Luftwaffe hatte zu wenig Soldaten für den Abwehrkampf gegen die Luftangriffe der Alliierten auf Städte, Dörfer und auf kriegswichtige Industrieanlagen. Nun sollten die Schüler der mittleren Gymnasiumklassen, Fünfzehn- und Sechzehnjährige, als sogenannte Flak-Helfer eingezogen und an den Flak-Batterien ausgebildet werden. Flakhelfer und Flakbatterien ergaben zusammen das, was man unter ‚Heimatflak' verstand; für mich ein schreckliches Wort, das noch heute meinen Ohren wehtut. Das Wort ‚Flak' bedeutete die Abkürzung für ‚Flugabwehrkanone', ein Terminus, der mit dem Wort ‚Heimat' nichts, aber schon gar nichts zu tun hatte!

Das Neue an der Angelegenheit war die Tatsache, dass wir nicht einfach ohne Begleitung in den Krieg ziehen mussten, sondern im Gefolge unserer Professoren des Neutitscheiner Gymnasiums, sofern sie männlichen Geschlechts und noch einigermaßen rüstig waren. Die Heeresleitung war offenbar der Meinung, dadurch zwei Fliegen mit einer Klappe zu treffen. Man brauchte Kanoniere und Akademiker gleichermaßen, erstere für den totalen Krieg und letztere für den Frieden danach. Es war eine ideale Konstellation, junge Leute zu haben, die beide Voraussetzungen zu erfüllen schienen: schießen und lernen zu können. Die Praxis allerdings sah anders aus, wie wir bald feststellen konnten, denn schon ein paar Wochen später war der Schulunterricht gegenüber den militärischen Anforderungen, die zu erfüllen waren, arg ins Hintertreffen geraten.

Um diese Zeit waren Überlegungen solcher Art eine nicht mehr überbietbare Naivität angesichts der immer zahlreicher werdenden Luftangriffe der Alliierten mit Pulks zu Hunderten Bombenflugzeugen, die von allen Seiten kommend deutsche Städte und Dörfer in Schutt und Asche legten. Auch aus dem Süden kamen sie, seit die ersten alliierten Verbände in Sizilien gelandet waren. Italien als verbündete Nation Deutschlands existierte nicht mehr, Mussolini war im Juli abgesetzt worden.

Intermezzo

Der Tag der Abfahrt in eine ungewisse Zukunft rückte näher. Allmählich wurde mir bewusst, was dies bedeutete. Schon der Gedanke, von nun an eine Uniform tragen und Befehle irgendwelcher Vorgesetzter ausführen zu müssen, bereitete mir großes Unbehagen.

Ich sah die Freiheit meiner Jugendzeit in großer Gefahr, das beschauliche Leben in der kleinen Welt unseres abgeschiedenen Dorfes, wo einer den anderen kannte, in der nichts im Verborgenen geschehen konnte, die nahezu unberührte Natur um uns im Wandel der Jahreszeiten. Es gab kein Telefon, und das einzige Auto im Dorf besaß der Herr Pfarrer; er konnte sich's leisten, weil seine Schwester einen reichen Anwalt geheiratet hatte und sie ihn unterstützte. Niemand kann ermessen, wie tief verwurzelt ich mich hier fühlte, wohlbehütet von Eltern, die uns so viel Freiheit gaben, wie wir brauchten, aber auch dort mahnten und belehrten, wo Pflichten zu erfüllen waren. Meine Brüder würden von nun an ohne ihren ältesten spielen müssen, und Hans Günter, der um vier Jahre jüngere, würde zum ersten Mal erleben, was Trennung von einem geliebten Menschen bedeutet. Heiner und Frieder waren Nachzügler, sie kamen nach einer elterlichen Schaffenspause von mehr als zehn Jahren zur Welt, allerdings nicht ohne Voranmeldung. Eine Zigeunerin hatte irgendwann meiner Mutter aus der Hand gelesen und ihr prophezeit, sie würde noch zwei Knaben zur Welt bringen, einen mit blonden und einen mit dunklen Haaren. Die kluge Wahrsagerin musste mit den Mendel'schen Gesetzen vertraut gewesen sein, denn mein Vater war dunkelhaarig und meine Mutter blond und blauäugig. Dennoch gab es Verblüffung bei jenen, die um die Weissagung wussten, und große Freude bei den Eltern, als die beiden im Abstand von etwa zwei Jahren gesund und munter zur Welt kamen; Heiner blond und Frieder dunkel, wie es der Orakelspruch vorgab!

Nach und nach erkannte ich die Härte alles dessen, was um mich vorging, und wie unentrinnbar verstrickt ich und jeder einzelne meiner Freunde in diesem Netzwerk des Krieges waren und wie ohnmächtig wir im Grunde gegenüber der Willkür des Regimes lebten. Nicht erst mit der Bewusstwerdung dieser Tatsachen kam die Erkenntnis, woher meine anfangs eher unterschwellige Aversion dem Naziregime gegenüber stammte. Es waren nicht Politik und Weltanschauung, davon verstand ich damals zu wenig, es waren die Übergriffe auf meine Bequemlichkeit und meinen Freiheitsdrang. Alles führte zu großen Zäsuren in meinem Leben und dem meiner Mitmenschen. Es war das Schreiende, das Brüllende, das Vernichten jeglichen Privatlebens, das Machtausüben um jeden Preis, ohne den geringsten Widerspruch zu akzeptieren, es war das Ausspielen des Totalitären einer unerbittlichen Diktatur. Dabei dachte ich zunächst nur an mich, i c h war der Leidende, der Draufzahler all dieser Veränderungen. Dass auch andere davon betroffen waren, kam mir erst so richtig zu Bewusstsein, als ich von der Geschichte meines Mitschülers Alfred Brosch erfuhr. Die nationalsozialistischen Behörden ordneten an, er müsse einen Beruf ergreifen, den er gar nicht wollte. Sein Vater hatte das einzige Friseurgeschäft im Ort, und der Fredi sollte die Friseurlehre machen, um das Geschäft später übernehmen zu können. Das durfte er nicht, er musste irgendeinen technischen Beruf erlernen. Friseure waren offenbar nicht kriegswichtig genug.

Es war einer der willkürlichsten Eingriffe in die Privatsphäre einer Familie, wie sie nur in einer Diktatur vorkommen kann, und ein Paradebeispiel dazu.

Dem konnte man keinen Widerstand entgegensetzen, man konnte sich nur innerlich distanzieren und so wenig Berührungspunkte als möglich zulassen. So hatten sich auch Pro- und Kontragruppen in meiner Schulklasse gebildet. Jene, die stolz waren auf das Tragen und Zurschaustellen ihrer Hitlerjugenduniform, die, wie ich schon erwähnte, mit erhobenem Arm Heil Hitler riefen und provokant in die Runde blickten, ob sich da oder dort Widerspruch regte. Im Grunde kann ich diese Blicke heute immer noch nicht deuten, es waren einfach Verblendete von simplem Wesen, die vielleicht nicht wussten, was sie im Moment gerade anrichteten. Obwohl wir jahrelang in der selben Klasse saßen, waren sie plötzlich andere Menschen, mit denen man nicht mehr normal reden konnte. Ich erinnere mich, dass ich einmal durch die Rathausstraße schlenderte und mir ein Mitschüler begegnete, an dessen Namen ich mich beim besten Willen nicht mehr entsinne. „Na, Helmut", sagte er und schaute mich von oben bis unten an, „du schaust aber nicht gut aus mit deinen langen Haaren!" Und er zupfte an meinen Haaren herum, bis ich seine Hand ärgerlich wegschubste.

„Kannst du mir verraten, was dich meine Haare angehen? Das ist doch wohl meine Sache!"

„Da irrst du dich aber", sagte er höhnisch, „unser Führer braucht keine Schlurfe, er braucht schneidige Soldaten!" Ich drehte mich wortlos um und ließ ihn stehen. Im Weggehen hörte ich noch, wie er „Wir sprechen uns noch!" rief, dann war der Spuk vorbei.

Die Abschiedsfeier

Natürlich haben wir nie mehr miteinander gesprochen, auch nicht bei unserer Abschiedsfeier, die ein paar Tage später stattgefunden hatte. Ich weiß nicht mehr, wer der Initiator dieses Festes war, aber es war eben so üblich, dass man einen Abschied gebührend feierte. Wenn einer zum Militär musste, dann war zumindest ein zünftiger Rausch obligatorisch, und man konnte manch einen hinter dem Gasthaus im Grase liegend sehen, der dort seinen Rausch ausschlief. Musste jedoch die Gruppe eines entsprechenden Jahrganges einrücken, dann wurde gemeinsam Abschied im Rahmen eines Festes gefeiert. In der Situation, in der wir uns zu diesem Zeitpunkt befanden, wusste ohnehin niemand, ob es je ein Wiedersehen in der Heimat geben würde.

In unserem Fall waren jene Professoren mit dabei, die uns in den Einsatz begleiten sollten. Ursprünglich hätte die Feier im Hinterzimmer der Konditorei Luchesi stattfinden sollen, aber am Vortag wurde umdisponiert, nicht wegen der Ereignisse in Italien, wo Mussolini gerade abgesetzt wurde und die neue Regierung einen Waffenstillstand mit den Alliierten aushandelte, sondern weil sich das Lokal des Herrn Luchesi einfach als zu klein erwies.

Es war eine weinselige Abschiedsfeier, gottlob ohne propagandistischem Schnickschnack; wir saßen einfach da im Sonntagsgewand und versuchten, die Diskrepanz zwischen unserer Jugend und dem plötzlichen Erwachseinmüssen, vor allem dem Soldatwerden in einem Krieg, zu begreifen. Das war nicht leicht. Und so versuchten wir, alle inneren Unsicherheiten, Ängste und Nöte mit lautem Diskutieren, simplem Witzereißen und erhöhtem Weingenuss zu überspielen und wettzumachen. Der Alkohol tat seine Wirkung, umso mehr, als wir das Trinken nicht gewöhnt waren. Die einzige Ansprache hielt unser Lateinprofessor Doktor Stöhr, von seinen Schülern liebevoll ‚Cato' genannt.

„Jungs", sagte er, und es war dieselbe Anrede, die er im Unterricht verwendete, „Jungs, ich will mich kurz fassen, nun ist es so weit und ihr werdet bald *ad pugnam proficisci*! Lieber wäre mir, wir könnten heute schon euren glücklichen *reditus* feiern! Ein paar Monate werden wir noch gemeinsam verbringen. Ich will versuchen, euch in dieser Zeit noch einiges an Wissen zu vermitteln, ich möchte aber auch da sein für euch, wenn ihr Sorgen und Nöte habt, die mit dem Unterricht nichts zu tun haben. Gemeinsam lassen sich Probleme viel besser lösen. Ich wünsche euch allen viel Glück, ihr werdet es brauchen. In diesen schweren Zeiten muss man vieles dem Zufall überlassen, man hat keine Chance, das von außen Kommende irgendwie zu beeinflussen. In diesem Sinn erhebe ich das Glas und trinke auf euer Wohl und eure glückliche Heimkehr!"

Ich hatte nicht den Eindruck, viel Wein getrunken zu haben, auf keinen Fall mehr als andere. Trotzdem musste ich, als ich im Morgengrauen auf einer Bank im Stadtpark wieder zu mir kam, erkennen, dass ich nicht wusste, wie ich hierher gekommen war. Allmählich erkannte ich meine Freunde Hubert und Herbert, die neben mir saßen und gerade dabei waren, das Bewusstsein wieder zu erlangen. Und dann spürte ich eine unangenehme Kälte von unten aufsteigen: Wir saßen in einer dicken Tauschichte, die sich während der Nacht auf dem Sitz gebildet hatte und wesentlich dazu beitrug, dass wir sehr schnell wieder nüchtern wurden. Mit peinlich nasser Hose stieg ich in den Autobus. Ich weiß nicht, ob mein Bestreben, die nassen Flecken vor den Blicken der Fahrgäste zu verbergen, erfolgreich war.

Hundeelend und mit einem Riesenkater kam ich zuhause an.

Froh war ich, dass es bei der Feier zu keinen politischen Äußerungen, egal von welcher Seite, gekommen war.

Je mehr ich nachdachte, desto klarer wurde mir, dass die ‚Zackigen‘ nicht m e i n e Gruppe waren. Nicht weil ich schon eine feste politische Meinung besaß, sondern weil ich instinktiv spürte, dass von diesen Menschen Gefahr ausging. Ein Regime, dessen ‚Führer‘ sich bei Ansprachen und Reden in lächerlicher Exaltiertheit und Hysterie darbietet, verliert irgendwann jede Glaubwürdigkeit. Hitler steigerte sich von Rede zu Rede in eine Art irrationale Besessenheit; oft schien er nicht mehr zu wissen, was er sagte, und wenn jemand, so dachte ich damals, nicht mehr weiß, was er spricht, so kann ich ihm nicht mehr vertrauen und ihn schon gar nicht mehr ernst nehmen; aber lachen konnte ich auch nicht, dazu war die Sache zu ernst.

Erst viel später, ein paar Jahre nach dem Krieg, sah ich Charlie Chaplins Film ‚Der Diktator‘. Der geniale Streifen wurde 1940 gedreht, zu einer Zeit, als sich der Zweite Weltkrieg gerade in seiner Anfangsphase befand. Ich habe keine Ahnung, ob Hitler ihn je gesehen hat, aber wenn er nur eine Spur von Interesse daran gehabt hätte, zu erfahren, was man in der Welt so über ihn denkt, hätte er danach verlangen müssen, ihn zu sehen, allein schon deshalb, um gegen die unendliche Lächerlichkeit, der er sich preisgab, ankämpfen zu können. Ich an seiner Stelle hätte es getan, aber ich bin eben kein Diktator!

Sommerausklang

Da ich ahnte, dass es bald damit aus sein würde, verbrachte ich jede entbehrliche Minute mit dem Lesen von Büchern. Wie bei den meisten meiner Altersgenossen, hatte Karl May mit seinen Abenteuern absolute Priorität bei mir, und ich schäme mich dessen heute immer noch nicht. Warum auch? Karl May hat die Sicht auf unsere Welt in wunderbarer Weise erweitert und uns einen Hauch von Abenteuerlust vermittelt, die wir aus damaliger Sicht in unserem Leben nie würden erleben können. Dass er die Plätze seiner Abenteuer selbst nie bereist hatte, war uns damals ziemlich egal, auch ließ uns die Kritik unserer Deutschprofessoren am Stil der Karl-May-Bücher völlig kalt.

Ich geniere mich auch nicht, sogenannte Schundheftchen gelesen zu haben, von Tom Shark angefangen bis zu Jörn Farrow, Rolf Torring und Sun Koh. Aber es gab auch die sogenannte ernste Literatur in meinem Leben, und da verdanke ich meiner Mutter und meinen Deutschlehrern wertvolle Anregungen.

Vieles blieb allerdings Stückwerk und manchmal kam ich über die ersten dreißig, vierzig Seiten eines Werkes nicht hinaus. Einen Schriftsteller liebte ich besonders, Knut Hamsun. Ich glaube, auch wenn ich damals gewusst hätte, dass er ein Verehrer Hitlers war, hätte ich seine Bücher mit der gleichen Begeisterung gelesen. Schönheit der Sprache und klare, einfache Schilderungen menschlicher Schicksale hatten es mir angetan. Bittere Tränen weinte ich, als die todkranke Victoria in der gleichnamigen Novelle ihren Johannes nicht mehr bekam, weil sie den Kampf gegen ihre Krankheit verloren hatte. Die gleiche Rührung empfand ich auch beim Lesen von Arthur Kuhnerts Roman ‚Karjane, Geliebte unseres Sommers‘. Als ich diesen Roman Jahrzehnte später wieder las, konnte ich allerdings nicht nachvollziehen, was mich damals so maßlos berührt hatte; im Gegenteil, ich war als einer dem süddeutschen Raum Zugetaner von den vielen plattdeutschen Namen und Redewendungen irritiert.

Es war sein kleines Refugium, in das sich mein Vater zurückzuziehen pflegte, als er noch Oberlehrer war und allein sein oder in Ruhe arbeiten wollte. Die

Kanzlei bestand aus zwei Räumen im oberen Stockwerk der Schule. Im ersten befand sich ein altertümlicher Schreibtisch, es war der Arbeitsplatz meines Vaters, an den Wänden standen Regale mit Büchern und Faszikeln. Im zweiten Raum waren die Lehrmittel untergebracht, ausgestopfte Tiere, einfache physikalische Apparate, ein Heronsball, ein uralter Filmprojektor mit einer Petroleumlampe als Lichtquelle, zusammengerollte, auf Leinen kaschierte Schaubilder, und vieles mehr. Eine eigene Mischung verschiedenster Gerüche schlug einem entgegen, sobald man die Tür öffnete. Naphtalin, Karbol, Leim, und vor allem der Staub von Jahrzehnten, dazu der Muffel alter Bücher – ich habe nie wieder im Leben so ein Geruchskonglomerat in die Nase bekommen. Ein großes Fenster spendete das Licht im Raum, es war aber nicht der einzige Verwendungszweck: Hier wurde zu Gedenk- und Feiertagen die jeweils gültige Staatsfahne durch die Oberlichte ausgerollt und gehisst. Bis 1939 wehte die blauweißrote tschechische Fahne im Winde, später musste mein Vater sie gegen die deutsche Hakenkreuzfahne tauschen. Immer aber verdeckten die Flaggen für kurze Zeit den freien Blick auf die liebliche Landschaft Seitendorfs.

Am Vorabend unserer Abfahrt spazierte ich gemächlich zur Schule hinüber, die gleich neben unserem Wohnhaus lag. Ich wollte Abschied nehmen von der mir so vertrauten Umgebung, zuerst vom Schulhaus mit dem terrassenförmigen, von meinem Großvater in den zwanziger Jahren angelegten Obstgarten, den wir immer noch benutzen durften.

Mein Großvater hatte sich während seiner Amtszeit als Oberlehrer große Verdienste um das Wohl der Dorfbewohner erworben und wurde von allen bis über den Tod hinaus verehrt. Auch spielte er zur Sonntagsmesse die Orgel und die Leute erzählten voller Ehrfurcht, er hätte in den Spielpausen lateinische Vokabeln gelernt. Er starb im Jahre 1931 im Alter von fünfundvierzig Jahren an einer Sepsis, und mein Vater wurde sein Nachfolger.

Und dann wollte ich hinübergehen zur Kirche, die, ihrer Glocken längst beraubt, nunmehr ein stilles Dasein fristen musste. Irgendwo in einer deutschen Waffenfabrik hat man die beiden Glocken eingeschmolzen und zu Waffen und Munition verarbeitet, Sinnbild der Umwandlung religiöser Werte mit dem Ziel, andere Menschen zu töten.

Es dunkelte bereits und der laue Septemberabend begann, die friedliche Landschaft mit zarten Nebelschwaden einzuhüllen.

Als ich an der Schule vorbeiging, bemerkte ich, dass oben noch Licht brannte. Es war nur ein schwacher, kaum sichtbarer Lichtstreifen, der durch den schmalen Spalt zwischen Rollo und Fenster nach außen drang. Im ganzen Land herrschte strengste Verdunkelungspflicht; Leute, die sich nicht daran hielten, wurden rigoros bestraft.

Es konnte nur die Frau Lehrerin Hiebler sein, die zu so später Stunde noch arbeitete. Sie war an die Stelle meines Vaters getreten, als dieser zum Militär musste. Herta war dreiundzwanzig, rötlichblond, hatte blaue Augen und ein fröhliches Gesicht. Auch sonst war sie mit bemerkenswerten weiblichen Attributen ausgestattet. Mit einem Wort, sie war sehr hübsch. Trotzdem hatte ich bislang keine Gedanken an sie verwendet, denn für mich galt damals eine, die fünf oder sechs Jahre älter war als ich, eher als alte Frau. Außerdem liebte ich, wenn auch nur aus der Ferne und ganz platonisch, zu dieser Zeit die blonde Loisi, die jüngste der drei Töchter jenes Fleischermeisters Kudlik, der im ganzen Kuhländchen für seine saftigen, würzigen, wunderbar schmeckenden Räucherwürste berühmt war. Trotzdem denke ich, dass kein direkter Zusammenhang bestand zwischen den Würsten und meiner Zuneigung zur Loisi, obwohl Krieg herrschte und alle Lebensmittel, auch die exzellenten Würste des Meisters Kudlik, streng rationiert waren.

Die Tür der Schule war nicht versperrt. Durchs finstere Stiegenhaus tastete ich mich nach oben, bestrebt, mich durch etwas lautere Geräusche des Gehens bemerkbar zu machen. Ich wollte sie nicht erschrecken. Herta stand schon in der Tür. Ihr Gesicht war ungewöhnlich ernst. „Ich weiß, dass du morgen fort musst", sagte sie, „es freut mich, dass du an mich gedacht hast. Komm doch herein und nimm Platz – nein, nicht hier, hier ist es zu ungemütlich, gehen wir doch in meine Wohnung. Dort können wir noch bei einer Tasse Tee ein bisschen plaudern!"

Sie versperrte die Tür und wir gingen die paar Schritte hinunter zum Lehrerhaus an der Straße.

Seit ich denken kann, waren die Mitglieder des Lehrkörpers, meistens drei Lehrer oder Lehrerinnen, mit meinen Eltern befreundet und gingen in unserem gleich neben der Schule liegenden Haus aus und ein, als wär's das ihre. Eine große Familie, der auch Herta angehörte.

Herta wärmte Wasser für Tee. „Bitte für mich nicht!", rief ich aus, „ich kann Tee nicht ausstehen, weil wir immer Tee trinken müssen, wenn wir krank sind, Kamillentee, Hustentee, Tausendguldenkrauttee, pfui, und alle sind gallebitter!"

„Ja, was könnte ich dir sonst noch anbieten?" Herta lachte: „Ich hab's, trinken wir doch ein Gläschen Sliwowitz zum Abschied!" Sie holte die Flasche und zwei Gläser und setzte sich zu mir. Während sie einschenkte, entstand eine kurze Pause, in der wir beide, ein bisschen verlegen, auf einmal nicht wussten, was wir sagen sollten. Der Schnaps brannte bis in den Magen hinunter, eine wohlige Wärme breitete sich in mir aus, und mir wurde ganz wunderlich zumute. Herta ging es offenbar nicht anders, sie rückte näher und näher, und ohne ein störendes Wort der Erklärung lagen wir einander in den Armen und küssten uns; anfangs wohl ziemlich unbeholfen und linkisch, schließlich fehlte es an der nötigen Erfahrung und alles im Leben muss gelernt sein! Auch galt es, die Aufregung des Augenblicks in eine wohltuende Erregung umzuwandeln. Offenbar waren wir Naturtalente auf diesem Gebiet, denn es wurde die schönste Stunde meines bisherigen Lebens.

Auf diese Weise verloren wir beide, Herta und ich, innerhalb angemessener Zeit unsere Unschuld. Sie wurde ersetzt durch ein unsagbar schönes Gefühl, das unsere Körper durchströmte und von dem ich hoffte, dass es nie enden werde. Nach dem Geschehenen fiel uns der Abschied sehr schwer, und als wir uns die Hände reichten, standen plötzlich Tränen in Hertas Augen. „Komm bald wieder!", sagte sie leise, drehte sich um und eilte ins Haus zurück.

Unwillkürlich und allmählich kam mir zu Bewusstsein, dass mein geistiger Abschied von der molligen Loisi im Grunde ungewöhnlich glatt vonstatten gegangen war, ohne Wehmut und Liebesschmerz, weil zur Gänze überlagert von dem gerade Erlebten; es fiel mir nicht schwer, diese Verdrängung weiterhin aufrecht zuerhalten.

Natürlich ging ich nicht mehr zur Kirche, dafür machte ich einen kleinen Umweg, um das Nachhausekommen ein bisschen hinauszuzögern. Ich wollte Zeit gewinnen und darüber nachdenken, was Herta und mir Wunderbares widerfahren war, und ich wollte meiner Gefühle wieder einigermaßen Herr werden, bevor ich meiner Mutter unter die Augen trat. Mit dem allen Müttern eigenen sechsten Sinn schaute sie mich nur kurz an und sagte: „Du warst bei der Herta!" „Ja, und wir haben einen Abschiedsschnaps getrunken." „Mehr nicht?" Ich spürte, wie mir anstelle einer Antwort die Röte ins Gesicht stieg. Meine Mutter sagte kein Wort, sie schaute mich nur nachdenklich an und verließ das Zimmer. Taktvoller hätte sie in diesem Moment wohl nicht sein können.

Der erste Abschied,
Abfahrt in die Ungewissheit

Der Bahnhof am Tag unserer Abfahrt glich einem Ameisenhaufen, aber es waren keine fröhlichen Ameisen, die hier herumliefen. Diejenigen, die wegfahren mussten, hatten keinen Anlass, lustig zu sein, weil sie lieber zuhause geblieben wären, und diejenigen, die daheimbleiben konnten schon gar nicht, denn sie machten sich große Sorgen um jene, die ihre Heimat verlassen mussten, ohne zu wissen, ob es je eine Heimkehr gab.

Wir hatten es uns in unserem Abteil gemütlich gemacht, so weit es auf den harten Sitzbänken möglich war. Jeder hatte einen kleinen Koffer, in dem sich die Schulsachen befanden, Bücher, Hefte und Schreibzeug, und einen größeren mit Wäsche und allem, was unsere Mütter vorsorglich eingepackt hatten; darunter war natürlich auch Proviant für die lange Reise und die erste Zeit nach der Ankunft. Ich hatte einen ganzen Karton voll Johannisbeeren-Streuselkuchen, meine Lieblingsmehlspeise, und ich war sicher, dass ich, wenn er aufgegessen war, lange darauf würde verzichten müssen. Sie standen draußen am Bahnsteig, die Mütter, mit Tränen in den Augen, und waren im Leid des Abschiedes eng verbunden.

Inzwischen waren schon Einzelheiten unseres Einsatzes bekannt geworden. Es ging, so viel war sicher, nach Oberschlesien, zu einem Ort namens Oswiecim.

Dort entstand, so hörten wir staunend, eine riesige Industrieanlage der Firma IG-Farben. Ein Rüstungsbetrieb von gigantischem Ausmaß wurde gerade aus dem Boden gestampft, zur Waffenherstellung und allem, was zum Kriegführen gebraucht wurde. Dieses Werk galt es vor Luftangriffen der Alliierten zu schützen, das sollte unsere vornehmliche Aufgabe während der nächsten Monate werden.

Abschiede sind im Leben eines Menschen meist bedrückende, zu Herzen gehende Erfahrungen mit Langzeitwirkung. Besonders dann, wenn sich Mütter von ihren noch nicht erwachsenen Söhnen trennen müssen, die einer ungewissen und gefahrvollen Zukunft entgegengehen. Die letzten Minuten, bevor sich der Zug in Bewegung setzte, waren erfüllt von tränenerstickten Ermahnungen, vorsichtig zu sein und so bald als möglich zu schreiben. Als ich mich nach meinen Freunden umsah, entdeckte ich nur ernste Gesichter; selbst der Fredi John lächelte etwas gezwungen und meinte, wir sollten doch an die Zusage des Einsatzleiters denken, der uns ankündigte, wir könnten alle sechs Wochen für vier Tage auf Urlaub nach Hause fahren. Sechs Wochen seien im Handumdrehen vorbei, meinte er, und hatte recht damit.

Die Fahrt dauerte bis in die Nacht hinein; mehrmals mussten wir umsteigen. Schließlich wussten wir nicht mehr, wo wir uns befanden. Wir fuhren in ein finsteres Loch, über Weichen holpernd und rüttelnd, bis der Zug irgendwo anhielt. Draußen war nichts zu sehen außer Baumwipfeln, die sich nur undeutlich von einem wolkenverhangenen Nachthimmel abhoben. Wir wurden angewiesen, in einen bereits wartenden Autobus umzusteigen. Nach einer weiteren Stunde waren wir schließlich am Ziel. Die Umrisse eines großen, düsteren Gebäudes tauchten aus der Finsternis ins schwache Licht der abgedunkelten Autoscheinwerfer. Die großen Fenster waren unbeleuchtet, manche hatten zerbrochene Scheiben. Die Ersten von uns packten ihre Koffer, stiegen aus dem Bus und landeten in knöcheltiefem Morast, die Nnachfolgenden, dadurch schon vorgewarnt, versuchten, den Dreck zu überspringen, was aber nur mangelhaft gelang. Viel haben wir dabei nicht gesprochen, nur Flüche und Warnrufe waren zu hören, zu sehr waren wir damit beschäftigt, halbwegs sauber zum Haus zu kommen. Ein paar Soldaten empfingen uns vor dem großen Portal. Dann zeigten sie uns jene Räume, in denen wir so lange wohnen sollten, bis die Unterkünfte auf dem Batteriegelände fertig sein würden, sagten sie. Unsere Räume befanden sich im ersten Stock. Sie waren leer bis auf ein paar Stockbetten, die ohne System umherstanden. Uns war klar, dass wir nach dem Stand der Dinge um mindestens zwei Wochen zu früh angekommen waren. Das berühmte Organisationstalent der Deutschen, wo war es wohl geblieben? In diesem Fall hat nichts, aber auch schon gar nichts geklappt.

Wir waren todmüde, deprimiert und wären am liebsten davongelaufen aus diesem fast leeren, kalten Gemäuer ohne elektrischenm Strom und einer Wasserleitung, die nur im Erdgeschoss funktionierte. Aber wohin hätten wir flüchten sollen?? Sogar Fredi John, unser Daueroptimist, war ganz still geworden. Mit einem solchen Empfang hatten wir nicht gerechnet; und dass alles im Leben meistens anders kommt, als man denkt, das wussten wir noch nicht. Was hier im Kleinen passierte, geschah in der Welt täglich tausende Male, aber für uns arme Teufel war diese Erkenntnis neu.

Der Appetit war uns vergangen. Ohne etwas zu essen, ohne uns waschen zu können, krochen wir vor Kälte zitternd unter die einzige Decke, die jeder hatte. Am nächsten Morgen, nach einem kargen Frühstück, das aus Kommissbrot und einer undefinierbaren schwarzen Flüssigkeit bestand, begannen wir, unsere neue ‚Heimat' zu erkunden. Viel gab es nicht zu entdecken, die ‚Brettelebene' der Weichselniederung zeigte in der Trübheit des grauen Morgens alles, was sie besaß, und das war sehr wenig: Dunkle Wälder und abgeerntete Felder, so weit das Auge reichte, sonst nichts.

Der Ablauf der nächsten Tage hat über die Jahre keinen Platz in meinem Gedächtnis behalten, die Errinnerungen sind verschwommen und verborgen im Nebel der Vergangenheit. Ich weiß nur, dass sich nach einer Anlaufzeit von einigen Tagen unser Leben wieder in normaleren Bahnen bewegte, sofern man in jener Zeit von Normalität sprechen konnte. Wir erhielten die blaugrauen Uniformen der Luftwaffe und das entsprechende Zubehör, Feldflasche, Kochgeschirr usw., die Unterkünfte wurden dem militärischen Standard entsprechend eingerichtet, ein Leutnant der Luftwaffe wurde als Batteriechef unser direkter Vorgesetzter.

Er war einer Verwundung wegen aus Frankreich zu leichterem Dienst abkommandiert worden und entpuppte sich als umgänglicher und Spaß verstehender Chef. Er konnte stundenlang von amourösen und anderen Abenteuern in Paris erzählen und war, wie er sagte, ein großer Verehrer von swingender Jazzmusik. Letzteres war bei den Nazis gar nicht so gerne gesehen, für sie war Jazz Negermusik, also etwas von rassischen Untermenschen Geschaffenes. Es war nicht die einzige Schwachsinnigkeit, die der Nationalsozialismus verbreitete!

Schließlich lernten wir unsere ‚Kollegen' von der ‚richtigen' Luftwaffe kennen. Eine irgendwo in der Umgebung befindliche Militärküche versorgte uns mit Nahrung. Pünktlich um die Mittagszeit erschien ein von zwei Pferden gezogener Panjewagen mit den Essensbehältern. Über die Qualität kann ich nichts mehr sagen, nur einmal fand ich im Sauerkraut einen dicken Regenwurm. Er war rosig vom Kochen und gar nicht ekelhaft. Mein Vetter Hubert saß neben mir und grinste schadenfroh. „Du bist ein Glückspilz, du hast eine zusätzliche Fleischportion bekommen!" „Ich kann mit dir teilen", sagte ich, zog den armen Wurm heraus und warf ihn in sein Kochgeschirr. Das war ihm auch nicht recht. Das Sauerkraut schmeckte übrigens ausgezeichnet.

Seltsam, dass man sich solch nebensächliche Dinge merkt, als wären sie gestern passiert, anderes aber, das wichtiger gewesen wäre, vergessen hat!

Die Batterie

An einem regnerischen Herbsttag wurden wir zu der Wirkungsstätte unserer Vaterlandsverteidigung gebracht, der sogenannten Batterie. Der erste Eindruck war noch trostloser als jener des nächtlich finsteren Gebäudes bei unserer Ankunft. Auf einem endlosen, flach ebenen Acker sahen wir runde, etwa drei Meter hohe Erdwälle, aus denen je eine Kanonenrohr in die Luft ragte. Die Läufe trugen an der Mündung seltsame Stahlkörbe, die wir noch nie gesehen hatten.

„Das sind Mündungsbremsen", erklärte uns ein Soldat. „Und wofür braucht man sie?", fragte ich. „Diese Dinger bremsen den Rückstoß beim Abschuss der Granate; ihr müsst wissen, dass wir hier Geschütze haben, die im Russland-Feldzug erbeutet worden sind, sie hatten ein Kaliber von 7,62 cm, die Läufe mussten deshalb auf das Kaliber von 8,8 cm aufgebohrt werden, sonst hätten unsere Granaten nicht hineingepasst. Das höhere Kaliber bedingt einen stärkeren Rückstoß, der durch diese komisch aussehenden Mündungsbremsen aufgefangen wird. Übrigens, diese Kanonen sind nicht in Russland hergestellt worden, sondern in Deutschland, man hatte sie in den Dreißigerjahren, als noch niemand an Krieg dachte, an Russland verkauft."

Erst viel später erfuhr ich, dass der Mann nur die halbe Wahrheit wusste: Die Beutekanonen aus Russland waren teils italienischer, teils schwedischer Provenienz, letztere sind in Zusammenarbeit der

Firmen Krupp und Bofors entstanden. Es ist ja auch nicht so wichtig, heutigen Kanonenbauern müssten die damaligen Techniken ohnehin steinzeitlich primitiv vorkommen, für uns wissbegierige Burschen waren diese Dinge jedoch neue und interessante technische Erkenntnisse.

Durch einen schmalen Gang betrat man das Innere einer Geschützstellung. Die Erdwälle waren von der Innenseite ausgehöhlt und mit Regalen versehen, in denen die Granaten lagerten.

In einem zentral gelegenen Unterstand, auch von Erdwällen umgeben, befand sich der Befehlsstand. Hier standen die Messgeräte und von hier wurden die Messdaten an die Geschütze weitergegeben, und das sollte unsere Aufgabe werden. Das Bedienen und Laden der Geschütze mit den nicht ganz zehn Kilo schweren Granaten war Schwerstarbeit und kräftigen Soldaten vorbehalten. In dieser Zeit, ich möchte sie Vor-Radarzeit nennen, konnten wir nur bei guter Sicht aktiv werden, denn optische Kommandogeräte waren nachts und bei nebeligem Wetter nur bedingt zu gebrauchen. Erst ein halbes Jahr später wurden unsere Batterien mit Funkmessgeräten ausgestattet, den Vorgängern dessen, was die Welt später unter dem Namen Radar kennenlernte.

Ein mehrere Meter tiefer Entwässerungsgraben teilte das Batteriegelände in zwei Hälften, auf einer Seite die Geschützstände und der Befehlsstand, auf der anderen Seite die gerade im Entstehen begriffenen Unterkunftsbaracken, eine für die Soldaten und eine für uns Helfer. Dann war da noch die bereits fertige

Baracke, in der sich Schreibstuben und ein geräumiger Speisesaal befanden. Hier sollte auch unser Unterricht stattfinden. Zwei primitive Balkenbrücken ohne Geländer verbanden die beiden Hälften. Das Überschreiten bei stockdunkler Nacht war ein Abenteuer für alle, die es eilig hatten, und erforderte Mut und Spürsinn; Taschenlampen zu verwenden war streng verboten.

Nach der Fertigstellung der Unterkunftsbaracken kam auch unverzüglich der Umzug ins neue Quartier. Es war eine große Erleichterung für uns und wir machten uns daran, die Räumlichkeiten ein ein bisschen wohnlicher zu gestalten. Im alten Quartier, in dem sich auch ein Lager mit Einrichtungsgegenständen befand, ,organisierten' wir mehrere Spiegel und Etageren, die wir vorsichtshalber auf der Wiese neben der Baracke unter Gras und Laub versteckten, in der Absicht, sie an einem der nächsten Tage zu montieren. Wir hatten jedoch nicht damit gerechnet, dass am anderen Morgen ein Schafhirte seine Herde vorbeitreiben würde. Die unschuldigen Tiere trampelten prompt über die Spiegel, übrig blieb nur ein Scherbenhaufen.

Allmählich bildete sich so etwas wie ein geregelter Tagesablauf heraus. Der Morgenappell fand um sieben Uhr statt, der Hauptfeldwebel ließ uns vor der Dienstbaracke antreten, kontrollierte Uniformen und gewaschene Hälse und machte Meldung, falls der Chef Wert darauf legte und sich in der Nähe aufhielt. Der Vorgang spielte sich, so schien es, um einiges lässiger ab als in den Kasernen, was nicht zuletzt mit dem Vorhandensein von uns Studenten zusammenhing, aber ich denke, dass auch die Kleinheit unserer Batterie-Einheit eine Rolle gespielt hat, und schließlich noch das Fernsein von Kasernendrill und Exerzierdienst. Am Anfang mussten wir viel lernen, das neu war für uns, beispielsweise das Messen von Entfernungen mit einem optischen Kommandogerät; das unsrige war französischer Provenienz, das Basisrohr hatte eine Länge von fünf Metern, sein Name war PLO, oder so ähnlich. Um diese fünf Meter wird der Sehwinkel des Auges verbreitert, man konnte räumlich sehen, ein Flugzeug anvisieren und durch Drehen an einer Stellschraube eine in der Optik befindliche Marke mit dem Flugobjekt zur Abdeckung bringen. War dies geschehen, wurden die Messwerte, Seiten-, Höhenwinkel und Entfernung elektrisch an die Geschütze weitergeleitet. Anfangs hatte ich (und natürlich auch meine Freunde) Probleme mit dem räumlichen Sehen. Ich konnte noch so lange ins Okular starren, doch der Erfolg wollte sich nicht einstellen. Aber plötzlich war es auch bei mir so weit, ich sah dreidimensional, es geschah von einer Sekunde auf die andere.

Ein weiteres Hilfsmittel war das sogenannte Malsigerät. Es kam zum Einsatz, wenn aus irgendeinem Grund die Messung mit dem Kommandogerät ausfiel und wir auf Daten benachbarter Batterien angewiesen waren. Dieses Malsi-Gerät war, vereinfachend ausgedrückt, ein mechanisch funktionierender runder Kartentisch, der von drei Männern bedient wurde; einer von ihnen saß unter der Tischplatte. Ein Zeichenstift, der über dem Kartenblatt auf einer besonderen Vorrichtung befestigt war, hielt graphisch den Kurs der feindlichen Flugzeuge fest. Mit zwei speziellen Linealen konnten auf der Karte Sperrfeuerbereiche festgelegt werden. Ich bewunderte das nach seinem Erfinder benannte Malsi-Gerät als genial einfach konstruiertes Instrument. Die errechneten Daten gingen an die Geschütze weiter und wurden dort eingestellt; war alles richtig gemacht, sollten alle Geschütze dorthin gerichtet sein, wo die Flugzeuge ihre Bahn zogen.

Unser erster Kampfeinsatz belehrte uns eines Besseren, denn als etliche Bomben und Luftminen in unserer Nähe explodierten und die Erde im wahrsten Sinn des Wortes erzitterte, da schaute jede Kanone in eine andere Richtung; eigentlich ein trauriger Anblick! Bei der herrschenden Aufregung, in welcher jeder versuchte, seine Angst in den Griff zu bekommen, war es kein Wunder, dass die Richtwerte nicht verstanden oder in dem Krachen nicht gehört wurden. Nur Fredi John, der neben mir stand, als Einziger ruhig und besonnen blieb, grinste übers ganze Gesicht: „Schau dir dieses Durcheinander an, alle rennen herum wie die Hasen bei der Treibjagd!" Nach ein paar Minuten wurde es ihm zu bunt, er machte das, was eigentlich dem Batteriechef zugestanden wäre, und schrie: „Nehmt doch endlich Vernunft an, ihr Idioten, denkt darüber nach, was ihr während der letzten Wochen gelernt habt!" Seine Rufe gingen im eigenen Geschützdonner unter, aber ich hatte plötzlich eine ganz andere Meinung von ihm. Bisher hatte er als unermüdlicher Spaßmacher gegolten, jetzt zeigte er Mut und Übersicht. Zu allem Übel gab es bei den Beutekanonen auch einige Ladehemmungen, die viel Zeit kosteten, denn die Soldaten mussten den Lauf der Kanone herunterkurbeln und mittels einer Stange die Kartusche nach hinten hinausstoßen. An diesen Verzögerungen waren wir gottlob unschuldig.

Bei diesem Angriff wurden im Bereich unseres Abschnittes neun Flugzeuge abgeschossen. Ich bin heute noch überzeugt, dass unsere Kanonen daran nicht beteiligt gewesen sind. Es hinderte unseren Chef aber nicht daran, sich am Feilschen unter den Batteriechefs, welche Batterie wie viele Flugzeuge abgeschossen habe, zu beteiligen. Die dabei vereinbarte Abschusszahl wurde in Form von weißen Ringen auf die Geschützläufe gemalt.

Einige Zeit nach unserer Ankunft hatten wir erfahren, dass sich unter dem polnischen Namen Osviecim der deutsche Name Auschwitz verbarg, Standort des berüchtigtsten Konzentrationslagers der Nazis. Die Tragweite dieser Tatsache in ihrer ganzen Furchtbarkeit zu erfassen, war uns damals nicht möglich, weil man uns Details wohlweislich vorenthielt.

Die ersten Einblicke in das System eines Konzentrationslagers gewannen wir unfreiwillig und einfach nur durch die Präsenz an diesem Ort. Während der Aufbauzeit der Batterie wurden, wenn Bedarf bestand, KZ-Arbeitskommandos herantransportiert, die hauptsächlich Kabelgräben ausheben und andere Erdarbeiten durchzuführen hatten.

Wir waren entsetzt, als wir die ausgemergelten, kahl geschorenen Gestalten in ihren gestreiften Sträflingskleidern zum ersten Mal sahen. Bis an die Zähne bewaffnete SS-Soldaten achteten auf jede Bewegung der Häftlinge. Uns war streng untersagt, sich ihnen zu nähern und mit ihnen zu sprechen. Trotzdem waren wir uns ohne viel darüber zu reden einig, ihnen zu helfen, so weit es möglich war. Spontane Solidarität mit den Schwächeren war wohl das Motiv für diese Hilfsbereitschaft. Ab sofort sammelten wir die Lebensmittel, die wir entbehren konnten, vor allem Brot und Wurst, aber wie sollten wir sie ihnen zukommen lassen? Auf keinen Fall konnte es vor den Augen der SS-Bewacher geschehen. Während wir noch überlegten, erschien der Kapo ‚unserer' Häftlingsgruppe auf der Bildfläche. Kapos standen in der KZ-Hierarchie zwischen der SS-Wachmannschaft und den ‚niedrigen', gewöhnlichen Häftlingen. Kapos waren für diese voll verantwortlich. Die KZ-Lagerleitung bestimmte, wer Kapo werden durfte; es waren sicher nicht die Sanftesten und Menschlichsten, sondern jene, von denen auf Grund ihres früheren Lebenswandels Brutalität und Rücksichtslosigkeit gegenüber ihren Untergebenen erwartet werden konnte. Wie ich hörte, gab es auch Kapos jüdischer Herkunft, manche gerieten ihrer Stellung und der damit verbundenen Zwänge wegen in Gewissensnöte mit ihrer Religion.

‚Unser' Kapo war schon rein äußerlich ein wilder Geselle, einer, der eines oder mehrerer Raubüberfälle wegen im KZ einsaß. Er konnte sich im Batteriegelände relativ frei bewegen und machte reichlich Gebrauch davon, um irgendwelche Tauschgeschäfte mit uns oder den Soldaten abzuwickeln. Oft kam er auch nur, um mit uns eine Zigarette zu rauchen, eine ‚Friedens-pfeife‘, wie er sich in waschechtem Berliner Dialekt auszudrücken pflegte. Die angesprochenen Geschäfte bestanden darin, dass er öfters kleine von Häftlingen hergestellte Schmuckgegenstände mitbrachte und gegen Brot oder Zigaretten eintauschte. Die meisten Sachen bekamen sie von uns jedoch ohne Gegenleistung. Wie es ihm gelang, alles wegzubringen, ohne dabei erwischt zu werden, wird mir immer ein Rätsel bleiben. Wir waren natürlich durch Unterricht und Waffendienst nicht immer dabei, alles zu beobachten. Eines Tages erstand ich einen Ring, der aus Pferdehaaren geflochten war und einen ‚Edelstein‘, geschnitzt aus dem Stiel einer Zahnbürste, besaß. Ich hatte ihn jahrelang bei mir, bis er mir lange nach dem Krieg abhanden kam. Als ‚Ede‘, der Kapo, sagte, er bräuchte ‚Rohstoff‘ für die Erzeugung von Ringen und Broschen, schlichen wir zu unseren Panjepferden und beraubten sie eines kleinen Teiles ihrer glänzenden Haare an Schwänzen und Mähnen; es geschah in aller Heimlichkeit, denn uns wäre eine plausible Antwort auf die Frage, wozu wir Pferdehaare brauchten, sehr schwer gefallen. Dem Äußeren der Rösser hat es sicherlich nicht geschadet.

Ein einziges Mal konnte ich unbeobachtet mit Häftlingen sprechen. Es geschah im Sichtschatten einer Geschützstellung und dauerte nur einige Minuten. Ich fragte, warum sie eingesperrt waren, und erfuhr bei dieser Gelegenheit Einzelheiten der Kennzeichnung, die in Form von verschieden gefärbten, auf der Spitze stehenden Dreiecken an der Häftlingskleidung befestigt waren. Grün stand für Kriminelle, rot für politische

Häftlinge, blau für Emigranten, schwarz für Arbeits-
scheue und gelb für Juden. In dieser Gruppe gab es
Leute mit roten, schwarzen und gelben Dreiecken.
Einen der Juden fragte ich, weswegen er inhaftiert sei.
Er zeigte auf seinen Stern und sagte einfach: „Ich bin
Jude!" In meiner damaligen Naivität fragte ich nach:
„Gut, und weiter?" „Nichts weiter", antwortete er. „Es
genügt, dass ich Jude bin!" Ich glaube nicht, dass ich
die Tragweite dieser Erkenntnis sofort mitbekam.

Was war das für eine Zeit, in der die Zugehörigkeit
zu einer bestimmten Menschengruppe genügte, um
eingesperrt zu werden? Mein angeborener Gerechtigkeitssinn wehrte sich vehement dagegen. Bedrückt und
deprimiert ging ich weg. Noch heute lebe ich in der
Hoffnung, dass diese Häftlinge den Holocaust überstanden haben, und wünschte mir, unsere Lebens-
mittelzuwendungen hätten vielleicht ein bisschen
dazu beigetragen.

Später, nach Kriegsende, als das ganze Ausmaß
der Vernichtungsmaschinerie der Nazis, nicht zuletzt durch die Nürnberger Prozesse, offenbar wurde,
musste ich mein ganzes Denken umstellen, um begreifen zu können, was sich hier ereignet hatte und wie
nahe wir mit diesen Erlebnissen und Begegnungen in
der Batterie dem Zeitgeschehen waren, zwangsläufig
näher als die meisten Deutschen und Österreicher es
je gewesen sind.

Heute weiß ich auch, dass ähnlich schlimme Dinge
im Verlauf der Menschheitsgeschichte immer wieder
geschehen sind. Nicht nur nach dem Ende des Zweiten

Weltkrieges, als Millionen Menschen einer bestimmten Volkszugehörigkeit wegen eingesperrt oder vertrieben wurden; diesen Dingen könnte man noch Rache- und Vergeltungsmotive für selbst erlittenes Unrecht durch die Nazis unterlegen. Nein, der rote Faden von Unterdrückung und Existenzbedrohung zieht sich bis in biblische Zeiten zurück. Die Geschichte der Völker in Vorderasien ist eine einzige Folge von Übergriffen auf Nachbarländer mit Mord, Totschlag und Versklavung. Die vordringlichste Motivation war wohl Habgier, wenn der Nachbar reicher war, aber auch ethnische Beweggründe gab es immer wieder, nur von ethischen Begriffen wie Menschenrecht und Nächstenliebe war nur ganz selten die Rede. Die Zahl der Beispiele ist Legion!

Kleine Opportunisten

Die Folgen unseres Versagens bei dem ersten Luftangriff, den wir erlebten, waren nicht so dramatisch, wie wir gedacht hatten. Leutnant Fröhlich (ich weiß nicht mehr, wie er hieß, aber ‚Fröhlich‘ hätte wohl zu ihm gepasst) schimpfte allerdings wie ein Rohrspatz und versprach uns reichlich Gelegenheit, das nachzuholen, was uns bei dem missglückten Einsatz gefehlt hatte, nämlich Übung, bessere Sachkenntnis und Kondition; mit anderen Worten, es erwartete uns härterer Drill mit allem, was dazugehörte.

Ein Mittel gegen die Angst hatte er freilich auch nicht, damit musste jeder Einzelne von uns selber fertig werden.

Verstärkt wurden auch die Zielübungen auf fliegende Objekte. Meistens tuckerte eine Junckers W 34 gemächlich heran, drehte ein paar Runden über uns und flog dann zur nächsten Batterie. In aller Ruhe konnten wir unsere Berechnungen machen.

Bedeutend weniger gemütlich wurde es, wenn statt der W 34 eine JU 88 auftauchte und einen der gefürchteten Sturzflüge auf unsere Stellungen veranstaltete. Jemand, der es nicht erlebt hat, kann das Grauen nicht ermessen, wenn da oben am Himmel ein winziger schwarzer Punkt erscheint, der, immer größer werdend, innerhalb weniger Augenblicke herunterstürzt, dabei ein ohrenbetäubendes Geheul von tausend Sirenen von sich gibt, man vermeint, das Gesicht des Piloten zu sehen, bevor er das Flugzeug ein paar Meter über dir abfängt und wieder nach oben zieht. Es war furchtbar, auch wenn man wusste, dass es sich nur um eine Übung handelte. Um wie viel fürchterlicher musste es im Ernstfall für die feindlichen Soldaten gewesen sein? Traumatische Erlebnisse für einen, der es überlebte. Diese JU 88, ein Produkt der Junckers-Werke, wurde zusammen mit der JU 87 auch ‚Stuka' genannt, eine Verstümmelung des Wortes ‚Sturzkampfflugzeug'; Heute wäre mit den Stukas kein Staat mehr zu machen, denn sie waren im Anflug mit etwa 300 Stundenkilometern viel zu langsam.

Das geheime Band der Zuneigung, das Herta und mich seit jenem Abschiedsabend vereinte, schien durch die Flut an neuen Eindrücken und Abenteuern ein bisschen ins Hintertreffen zu geraten. Es war aber nur scheinbar. Wenn ich abends nach einem aufregenden Tag ins Bett stieg, da wurde die Sehnsucht nach ihr übermächtig und selbst das laute Schnarchen meiner Freunde konnte dieses Gefühl nicht beeinträchtigen. Ich konnte mich sehr gut von meiner Umgebung abkapseln, um mit den Gedanken allein zu sein. Ich bedauerte alle, die so starker Gefühle nicht mächtig waren oder noch keine einschlägigen Erfahrungen hatten, und überhaupt, ich glaubte, der glücklichste Mensch der Welt zu sein und ich hoffte, dass dieser Zustand nie enden möge. Der liebe Gott verzeihe mir meine Naivität, sie war das Resultat meiner Unerfahrenheit! Trotzdem halfen mir die Gedanken an Herta über viele Unannehmlichkeiten und Härten des Militäralltages hinweg.

Mein Vetter Berti hatte sich schon immer für technische Dinge interessiert, insbesondere für alles, was mit Telefonie, Radio und Telegrafie zusammenhing. Dieses Hobby kam ihm jetzt zugute, denn gleich zu Beginn unserer Flakhelferlaufbahn wurde ihm die Aufgabe zugeteilt, alle Telefonleitungen im Bereich der Batterie, aber auch die Zuleitungen von der Telefonzentrale zur Batterie zu überwachen und zu warten. Seither sah man ihn eifrig unterwegs. Bewaffnet mit einer Werkzeugtasche, in der sich allerhand nützliche Dinge, Zangen, Schraubenzieher und dergleichen befanden, wanderte er von Mast zu Mast. Über die Schultern gehängt baumelte ein Paar Steigeisen und in einer Hand trug er zuweilen ein Feldtelefon, mit dem er notfalls Hilfe herbeiholen konnte. Alles in allem sah er sehr professionell aus.

Aber schon nach einer kurzen Zeit wurde ihm die Sache allein zu langweilig. Also ging er zum Chef und sagte, er brauche einen Helfer, der ihm das Werkzeug zureiche, wenn er sich oben am Mast befand, auch sei das Werkzeug zu schwer, um es kilometerweit zu schleppen, kurz, er brauche jemanden, der ihm an die Hand ging. Am liebsten wäre ihm, argumentierte er, den Hermann, also mich, als Assistenten zu bekommen, denn ich sei sehr geeignet für diese Tätigkeit. Was man doch den Menschen alles einreden kann, wenn die Gelegenheit günstig ist!

So wurde ich sein Helfer, und von jetzt anb zogen wir zu zweit los. Auch ich bekam ein Paar Steigeisen über die Schulter gehängt und auch ich wurde, zumindest rein äußerlich, ein Profi. Durch unsere Tätigkeit waren wir vom Exerzierdienst befreit, mussten aber bei einem Alarm sofort in den Befehlsstand einrücken. Auch mussten wir am Unterricht teilnehmen und den turnusmäßigen Telefondienst in der B1 absolvieren. Dieser belastete uns aber nicht, denn er konnte mitunter sehr unterhaltsam sein. Am anderen Ende der Leitung, in der Befehlszentrale, saßen Flakhelferinnen, denen ebenso langweilig war wie uns. Das Resultat waren stundenlange Telefonate, die, wie konnte es auch anders sein, mit militärischen Belangen absolut nichts zu tun hatten.

Bei schönem Wetter hatten wir ein angenehmes Leben. Wenn die anderen exerzieren oder Granaten putzen und Stahlkartuschen vom Rost befreien mussten, lagen oder saßen wir irgendwo in einer Wiese und ließen uns die Sonne auf den Bauch scheinen. Das Anschauen und Kontrollieren relativ neuer Telefonmasten und der Leitungen mit den weiß glänzenden Isolatoren war weder anstrengend noch eine Tätigkeit, die uns herausforderte. Regnete es, liefen wir zum nahen Gutshof und machten es uns im Heu bequem.

Berti sorgte immer wieder für angenehme Überraschungen. Eines Tages tauchte er in Begleitung von zwei hübschen Mädchen auf, die er in der Telefonvermittlung kennengelernt hatte. Eine von ihnen, Anni aus Aschaffenburg, hatte er als treuer Freund und Vetter für mich vorgesehen. Anni war dunkelhaarig, besaß tiefblaue Augen und schwäbelte, was das Zeug hielt, ein bisschen bieder und lustig war sie, doch bald lagen wir zu viert im Heu und plauderten genau das, was wir einander nächtelang am Telefon auch sagten und erzählten, mit dem kleinen Unterschied, dass wir nun voneinander wussten, wie wir aussahen.

Einer unserer Rastplätze lag auf einer kleinen Erhebung, von der aus man zu unserer Nachbarstellung hinüberschauen konnte. Diese war mit Fesselballons ausgestattet, sogenannten Sperrballons, die nur die eine Aufgabe hatten, feindliche Tiefflieger abzufangen und am Überfliegen zu hindern. Für mich etwas Vorsintflutliches, das zudem nur dann funktionierte, wenn kein Wind blies. Ab einer bestimmten Windstärke mussten die Ballone eingeholt werden. Eines Tages beobachteten wir, wie ein Ballon mit der elektrischen Seilwinde heruntergezogen wurde. Hatte er dabei einen bestimmten Abstand zum Barackendach erreicht, musste er händisch eingezogen werden, bis er unten war. Das funktionierte jedoch nicht, wir hatten keine Ahnung, warum, der Ballon knallte ungebremst auf das Dach; als das Seil riss, gab es einen Schnalzer, den wir bis zu uns hören konnten, dann richtete sich die Nase zum Himmel und der schöne Ballon flog, von seiner Fessel befreit, davon. Die Soldaten rannten wie aufgeschreckte Hühner herum, rufend und gestikulierend, aber da war nichts mehr, was den Ballon hätte zurückbringen können. Die Geschichte entbehrte nicht eines gewissen Humors und wir amüsierten uns köstlich, bis uns bewusst wurde, dass die Verantwortlichen und der Schuldige peinliche Befragungen hinsichtlich Fahrlässigkeit, Beschädigung von Militäreigentum und Sabotage zu erwarten hatten. Es wäre ganz interessant gewesen, zu erfahren, wo der Ausreißer letztendlich gelandet war.

Ich muss gestehen, Gewissensbisse unseren Kameraden gegenüber hatten wir kaum. Einmal sagte ich zu Berti: „Tut es dir nicht leid, dass es uns gut geht, viel besser als unseren Freunden?" „Nein, überhaupt nicht. Sie haben keinen Schaden dadurch, dass es uns besser geht. Sie müssen deswegen nicht mehr arbeiten als sonst, sie müssen auch nicht mehr Dienst machen. Und sie hätten sich, genauso wie ich, melden können, die Chancen waren für alle gleich. So gesehen mache ich mir keine Gedanken. Und du brauchst dir auch keine Gedanken zu machen!"

„Mache ich ja auch nicht", antwortete ich, „aber du must doch zugeben, dass das, was wir hier tun, nicht unbedingt eine ausfüllende Beschäftigung ist. Genau genommen haben wir so gut wie überhaupt nichts zu tun!"

„Na und? Ist es unsere Schuld? Haben wir die Sache erfunden?"

„Natürlich nicht."

„Es muss auch nicht so bleiben, wir können ohne Weiteres schon morgen etwas zu tun bekommen", sagte Berti nachdenklich.

„Ich kann mir nicht vorstellen, was wir morgen zu tun bekommen könnten! Die Masten werden schon nicht vermodern bis morgen!"

„Das nicht, aber stell dir vor, Partisanen kommen in der Nacht und beschädigen unsere Leitungen, schneiden die Drähte durch und schmeißen die Masten um!"

„Wo sollen denn hier Partisanen herkommen?"

„Es gibt sicher welche! Der Chef hat mir gesagt, ich soll Augen und Ohren offenhalten, angeblich haben sie nachts dunkle Gestalten beobachtet. Es können nur Partisanen sein, die sich in den umliegenden Wäldern aufhalten, denn deutsche Einheiten sind hier zur Zeit nicht stationiert."

„Und warum sagst du mir das jetzt erst?" Die liebliche Natur um mich herum war auf einmal nicht mehr ganz so lieblich. „Warum nehmen wir keine Waffen mit?"

„Weil wir mit Waffen noch nicht umgehen können! Kannst du etwa schießen? Ich nicht! Außerdem wurden tagsüber noch keine Verdächtigen beobachtet. Mach dir also keine Sorgen!"

Plötzlich erinnerte ich mich an einen Vorfall, der ein paar Wochen zurücklag. Wir hatten von einem der Soldaten, die sich schon länger sich hier befanden, erfahren, dass in dem ein paar hundert Meter östlich unserer Batterie liegenden Wald auf einer Lichtung ein kleiner Teich liege. Das Wasser sei glasklar und das Baden dort ein reines Vergnügen. Eines schönen Sonntags fragten wir den Batteriechef, ob wir in den Wald zum Baden gehen könnten, er willigte ein, beschränkte die Aktion jedoch auf eine Stunde reine Badezeit und forderte uns auf, unverzüglich zurückzukehren und uns bei ihm zu melden.

Es war ein kleines Paradies, das wir dort entdeckten, inmitten eines Schilfgürtels lag der Teich über einem Boden aus reinem weißem Sand, das Wasser kaum brusttief. Wir zogen uns schnell aus, um nur ja keine Minute des Badevergnügens zu versäumen. Die Kleider blieben außerhalb des Schilfes am Ufer; hätte sie jemand entdeckt und gestohlen, hätten wir nackt zur Batterie zurücklaufen müssen. Aber es war Gott sei Dank niemand da. Der Chef musste damals informiert gewesen sein, dass sich polnische Partisanen in der Gegend aufhielten, jedoch noch keine Aktivitäten gezeigt hatten, sonst hätte er nicht so rigoros auf unserer Rückmeldung bestanden. Ich könnte die Sache weiterspinnen und unterstellen, man hätte uns das Baden erlaubt, um zu testen, ob die Partisanen aktiv seien oder nicht, dass sie uns gewissermaßen als Lockvögel verwendeten, aber ich denke, das ist eine weit hergeholte Vermutung.

Für mich war es der erste und einzige Badeausflug für viele Jahre, denn meines Wissens bekam nach uns niemand mehr die Erlaubnis, das kleine Paradies im Wald zu besuchen, und im weiteren Verlauf der Kriegszeit und auch danach hatte ich ganz andere Sorgen.

Unsere Karriere als Telefonleitungskontrolleure nahm ein jähes Ende, als ein Telefonbautrupp der Luftwaffe auftauchte, um weitere Leitungen zu legen.

Sie übernahmen unsere verantwortungsvolle Tätigkeit mit und raubten uns dabei jenes Stückchen Freiheit, an das wir beide uns sehr rasch gewöhnt hatten: das Gefühl, im Rahmen des Militäreinsatzes persönliche Freiheiten zu haben, von denen andere nur träumen konnten. Diese Zeit hatte immerhin mehr als zweieineinhalb Monate gedauert, und es war eine angenehme Zeit. Berti meinte: „Sei nicht traurig, wir finden schon wieder etwas." Weil wir uns in so lobenswertem Maße für das Wohlergehen der Batterie eingesetzt hatten, wurden wir von Leutnant Fröhlich vor der Mannschaft öffentlich belobigt und am nächsten Tag zu einem viertägigen Sonderurlaub in die Heimat geschickt. Wenn er gewusst hätte, wie s e h r wir uns angestrengt hatten, wer weiß, ob er uns dann in den Urlaub hätte fahren lassen.

Wir konnten es kaum erwarten, bis der Zug in den Neutitscheiner Bahnhof einfuhr.

Meine erste Tätigkeit, als ich heimkam, war, die Uniform auszuziehen, was heißt ausziehen, vom Leib habe ich sie mir gerissen, dieses plumpe Gewand aus derbem, kratzendem Tuch, die grobe Lederkoppel habe ich mit Abscheu in die eine Zimmerecke geschleudert, das Käppi in die andere, die klobigen Schuhe habe ich ausgezogen und meine geschundenen Füße der frischen Luft ausgesetzt. Ein paar Minuten stand ich nackt da und genoss die körperliche Freiheit, dann zog ich meine eigenen Kleider an, ein unbeschreibliches Gefühl! Am liebsten hätte ich diesen Vorgang ein paarmal wiederholt, nur um auszukosten, wonach ich mich monatelang gesehnt hatte, aber da waren meine Brüder schon da und es ging ans Erzählen.

Da ich keine Gelegenheit mehr gehabt hatte, mein unverhofftes Kommen anzukündigen, waren alle überrascht und voller Freude. Im Handumdrehen hatte meine Mutter ein Essen herbeigezaubert und wir setzten uns zu Tisch. Es war fast wie früher, nur der Vater war nicht dabei und der kleine Frieder, gerade einmal ein halbes Jahr alt, lag in seinem Körbchen neben dem Tisch. Den spärlichen Feldpostbriefen war zu entnehmen, dass mein Vater sich immer noch im Karpathengebiet befand.

Ich schaute aus dem Fenster. Die letzten Strahlen der Abendsonne verwandelten die schon herbstlich gefärbten Blätter der Bäume und Sträucher in ein goldenes Meer, von den Feldern wehte der Duft verbrannter Kartoffelstauden heran, die Wiesen waren ein lila Teppich von Herbstzeitlosen. Der Gedanke, dieses Paradies schon bald wieder verlassen zu müssen, betrübte mich. Die vier Tage werden vergehen wie im Flug!

Am nächsten Morgen war ich mit Berti verabredet. Wir wollten ins Gymnasium, um alle jene, die zurückgeblieben waren, Professoren und Schüler, zu besuchen.

Den Zeitpunkt hatten wir so gewählt, dass wir zur großen Pause in die Schule kamen; nicht nötig, zu erwähnen, dass wir in unseren Zivilkleidern erschienen.

Die erste Begegnung hatte ich mit ‚Miss Schneider‘, unserer Englischprofessorin. Sie hatte die Gangaufsicht und begrüßte mich freundlich. Sie war meine Lieblingsprofessorin, weil sie die Gabe hatte, den Englischunterricht interessant und abwechslungsreich zu gestalten. Man lernte bei ihr sehr viel, und, wie mir schien, fast mühelos. Auch hielt ich sie für sehr gerecht bei der Benotung; mit einem Wort, sie war für mich d i e ideale Lehrerin.

„Ich freue mich, dich zu sehen“, sagte sie und gab mir die Hand, „aber ich hätte dich gerne in deiner Uniform bewundert!“

„Ich denke, so ein Wunder ist es nicht und ich bin froh, sie ein paar Tage nicht tragen zu müssen, Frau Professor! Es macht mich nicht besonders glücklich, etwas anderes anzuziehen zu müssen als meine eigenen Kleider. Eine Uniform hat große Ähnlichkeit mit einer Zwangsjacke!“

„Ich denke, das ist nicht deine einzige Sorge?“

„Nein, natürlich nicht. Aber es zeigt den Druck, unter dem ich leben muss. Bei den Äußerlichkeiten fängt es an … und wo wird es enden?“

„Ich weiß es auch nicht. Wir alle müssen uns dem unterordnen, was die Gemeinschaft als notwendig erachtet.“

„Ja, aber man sollte doch auch gefragt werden, ob man mit dem oder jenem einverstanden ist. Wäre ich beispielsweise gefragt worden, ob ich in den Krieg ziehen wolle, hätte ich bestimmt nein gesagt! Ich hatte beabsichtigt, das Gymnasium auf ‚normale' Art zu besuchen, bis zum Abitur, um dann weiter zu studieren. Was wird nun?"

„Ich weiß, ihr jungen Leute habt es nicht leicht!", sagte sie und seufzte. „Ich muss jetzt leider in die Klasse zurück, die Pausenglocke wird gleich läuten. Ich hoffe, du besuchst mich beim nächsten Urlaub wieder!"

Ich traf den Berti vor dem Eingang in jene Klasse, die einmal unsere Klasse gewesen war. Einige Worte konnten wir mit den Mitschülern noch wechseln, dann ging der Unterricht weiter.

Mit dem Fahrrad fuhr ich wieder nach Hause, jene Strecke, die während der letzten fünf Jahre mein Schulweg gewesen war. Acht Kilometer hin und acht Kilometer zurück, mit Ausnahme der Ferien, an manchen Tagen sogar zweimal, bei jedem Wetter, im Sommer gleichermaßen wie im Winter, bei Sonnenschein, bei Regen und Schnee! Der Winter des vergangenen Jahres war besonders hart gewesen, es gab Unmengen von Schnee, der liegen blieb von November bis März. Zeitweise zeigte das Thermometer minus neunundzwanzig Grad; das Radfahren war eine Qual. Sogar Miss Schneider war voll Mitleid und Bewunderung für meinen ‚Frühsport' und stellte mich als Vorbild vor die Klasse, weil ich trotz des anstrengenden Schulweges gute Leistungen im Unterricht brachte. Es war das einzige Mal in meinem Leben, dass mich jemand öffentlich hoch stellte; das passierte nie wieder. Aber ich war nie traurig deswegen, ich legte keinen großen Wert darauf.

Ich fuhr geradewegs zu Hertas Wohnung. Mit ein bisschen Herzklopfen läutete ich an, aber es öffnete niemand. Sie war nicht zuhause. Ich fuhr weiter zum Hof des Herrn Mitschka, um ihm guten Tag zu sagen. Seit dem Sommer, als wir den Ernteertrag der Seitendorfer Äcker erkundeten, hatten wir uns nicht mehr gesehen. Er schien um Jahre gealtert zu sein. Im Hause herrschte Niedergeschlagenheit und Trauer. Ein paar Tage zuvor war die Nachricht gekommen, dass sein Sohn Josef gefallen sei, irgendwo in Italien zwischen Rieti und Pescara. Ich hatte den Sepp gut gekannt, er war ein paar Jahre älter als ich. Mein Mitgefühl war sehr groß und raubte mir die Sprache; ich wusste nicht, was ich sagen sollte.

Der Abschnitt, in dem der arme Sepp sein Leben lassen musste, war Teil einer deutschen Verteidigungslinie, die sich, von West nach Ost, quer durch Mittelitalien erstreckte und auch Monte Cassino mit einschloss. Sie sollte die anstürmenden Alliierten davon abhalten, weiter nach Norden vorzudringen. „Was haben unsere Soldaten dort in Italien verloren?", rief Herr Mitschka anklagend. „Warum müssen zigtausende ihr Leben lassen in einem Land, das uns nicht gehört?! Ein verbrecherisches Unrecht an den italienischen Menschen ist es, wenn fremde Truppen in ihrem Land kämpfen und ihre Dörfer und Städte zerstören! Nicht nur in Italien, in ganz Europa leiden die Menschen, weil sich Hitler über alle Gebote des Völkerrechts hinwegsetzt! Nun weiß ich, dass alles verloren ist! Wenn es noch ein Quäntchen Gerechtigkeit auf der Welt gibt, dann darf Hitler den Krieg nicht gewinnen!"

Die vier Urlaubstage vergingen wie im Flug. Nicht alles war so, wie ich es mir vorgestellt hatte. Es war mir nicht gelungen, Herta zu treffen, da sie übers Wochenende zu ihren Eltern gefahren war, und die Heimat stellte sich mir nicht mehr als Insel der Seligen dar. Der Krieg drängte sich immer mehr in Häuser und Stuben und in die Herzen der Menschen. Die Unsicherheit stieg, Niederlagen auf allen Kriegsschauplätzen ließen immer weniger Hoffnung auf den ‚Endsieg' zu.

Die Batterie gab sich so, als wären wir gar nicht weg gewesen, keine Luftangriffe, keine Höhepunkte, der Militäralltag schien unverändert. Es hieß, Bombenangriffe auf das Rüstungswerk seien erst wieder zu erwarten, wenn die Schäden des letzten beseitigt und die Arbeit in den Fabrikshallen wiederaufgenommen sei. Woher die Alliierten davon Kenntnis erhielten? In den Werken arbeiteten viele tausende Fremdarbeiter aus aller Herren Länder; sie lückenlos zu überwachen, war ein Ding der Unmöglichkeit und die Spionagetätigkeit eine Sache, die weder bekämpfbar war, noch verhindert werden konnte.

Manchmal sahen wir die Kondensstreifen von Pulks über uns, die von Süden kamen und nordwärts über uns hinwegflogen; wir hatten keine Ahnung, wohin sie ihre tödliche Last beförderten. Alarmbereitschaft war befohlen, aber wir hatten keinen Schießbefehl. Seit Süditalien in die Hände der Alliierten gefallen war und sich die Italiener nach der Absetzung Mussolinis offen gegen Deutschland wandten, mussten sich die englischen und amerikanischen Bombergeschwader nicht mehr von Nordafrika aus auf den Weg nach

Norden machen, sondern konnten auf italienischem Boden nach Belieben starten und landen. Die Deutschen hatten zu wenig Flugzeuge, um etwas dagegen tun zu können.

Einige Tage nach unserer Rückkunft fragte unser Feldwebel beim Morgenappell, ob unter uns jemand sei, der sich mit dem Verglasen von Fenstern auskenne. Blitzschnell, ohne viel nachzudenken, hob ich die Hand und schielte zu Berti hinüber, um ihm ein Zeichen zu geben, aber er streckte seine Hand schon zum Himmel. Wir mussten uns in der Schreibstube melden.

„Wo habt ihr denn die Glaserei gelernt?", fragte der Feldwebel etwas spöttisch. „Bei meinem Vater", log ich, ohne rot zu werden.

„Ist dein Vater Glaser?"

„Nein, Oberlehrer! Aber er ist mit vielen Handarbeiten vertraut und ich durfte ihm ab und zu helfen."

„Na gut, wir werden ja sehen, ob ihr es fertigbringt!" Er wusste nicht, wozu Gymnasiasten fähig waren.

Am nächsten Tag bewaffneten wir uns mit Maßstäben, Papier und Bleistiften, denn es ging darum, eine Bestandsaufnahme der Schäden durchzuführen, jede zerbrochene Fensterscheibe auszumessen und in eine Liste einzutragen. Jede Scheibe bekam die Nummer des Fensters, damit wir nicht lange suchen mussten. Nach dieser Liste sollten die Scheiben irgendwo in einer Werkstätte zugeschnitten und zur Batterie geliefert werden. So lautete die Theorie, die Praxis, das möchte ich vorausschicken, sah anders aus.

Nach drei oder vier Tagen waren wir damit fertig. Die Liste wurde weggeschickt und dann mussten wir auf die Lieferung der Scheiben warten. Es sollte nicht ganz zwei Wochen dauern. In dieser Zeit, sagte der Feldwebel, sollten wir die Scherben und Kittreste aus den Fenstern entfernen. Ich wandte ein, dass es besser wäre, zu warten, bis die neuen Scheiben angekommen seien, immerhin hätten wir Spätherbst und die Nächte seien schon recht kühl, aber das ließ er nicht gelten und meinte, wem es kalt sei, der solle sich wärmer anziehen oder einen Pappendeckel vor das offene Fenster stellen. Uns störte es nicht weiter, denn in unserer neuen Baracke hielten sich die Schäden in Grenzen.

Es ist vielleicht notwendig, daran zu erinnern, dass wir während dieser anstrengenden Tätigkeit vom alltäglichen Militärdienst befreit waren; wir hatten also kein großes Interesse, die Arbeit schnell zu erledigen. Berti hatte bei den Leitungsproben große Erfahrungen gesammelt, wie man es anstellte, nach außen hin einen vor Anstrengung sehr Erschöpften zu mimen, obgleich der Arbeitsaufwand eher dürftig war. Man musste die Feste feiern, wie sie fielen, besonders in den damaligen Zeiten. So lautete sein Wahlspruch, gegen den ich nichts einzuwenden hatte.

Nach etwa zwei Wochen war es endlich so weit und unsere braven Panjepferde brachten die zerbrechliche Last auf dem Wagen, der vordringlich dem Transport unserer Verpflegung diente.

Die erste Kontrolle der Scheiben war ernüchternd. In der Werkstatt hatten sie vergessen, die Scheiben zu kennzeichnen, oder war es Sabotage? Nichts deutete darauf hin, wo welche Scheibe hingehörte. Uns erwartete ein Puzzlespiel. Berti schüttelte bedauernd den Kopf und sagte zum Feldwebel, dass es lange dauern würde, bis alle Gläser dort hinkämen, wo sie hingehörten, und er sollte zur Sicherheit noch einen zweiten Glasschneider bestellen, damit wir schneller arbeiten könnten.

Hatten wir uns da auf eine Sache eingelassen, die über unsere Kräfte und Fähigkeiten ging? Ich hatte noch keinen Glasschneider aus der Nähe gesehen, geschweige denn mit einem gearbeitet, und Berti auch nicht. Als Erstes requirierten wir einen Teil des Speisesaals und richteten uns eine Ecke als Werkstätte ein. Dann begannen die ersten Versuche mit dem Glasschneider; es dauerte nicht lange, bis die ersten Schnitte gelangen. Die Routine kam erst später und die Perfektion erreichten wir mit der allerletzten Scheibe. Und kaum war sie eingesetzt, kam auch der erste Schnee. Es war ein nasskalter Matsch, der das Batteriegelände in einen tiefen Morast verwandelte. Die einzige funktionierende Fußbekleidung waren Gummistiefel mit weitem Schaft, um möglichst schnell rein- und raussteigen zu können. Die Mitglieder der Batteriekapelle, an der Spitze Pepi Neubert und Bertl Kunschik, waren froh, endlich wieder den angestammten Probenplatz zurückzubekommen, den wir im Speisesaal als Werkstätte beschlagnahmt hatten. Auf diese Weise war allen gedient, in den Räumen war es wieder warm und die Musik konnte Freude in die Herzen der Gymnasiasten und Soldaten bringen.

Die Belohnung für unsere Tätigkeit kam von Leutnant Fröhlich. Wir durften erneut zu einem Kurzurlaub nach Hause fahren. Die unterschiedlichen Erfahrungen des letzten Urlaubes veranlassten mich, mit eher gemischten Gefühlen heimzufahren. Je größer die Erwartungen, umso größer die Enttäuschung, sagte ich mir und versuchte, meinen Gedanken eine andere Richtung zu geben. Aber welche? An den Verlauf des Krieges etwa? Daran, dass sich der feindliche Ring immer enger um Deutschland legte?

„Was ist los mit dir?", fragte Berti, während wir im Zug saßen und eine winterlich öde, farblose Landschaft an uns vorüberhuschte. Seine hellen, blauen Augen schauten mich besorgt an.

„Ich weiß nicht, warum ich gerade jetzt dran denken muss", sagte ich, ohne auf seine Frage direkt einzugehen, „aber hast du dir in der letzten Zeit Gedanken darüber gemacht, was mit uns geschieht, wenn wir den Krieg verlieren?"

„Ja, ich denke, dass jeder von uns solche Überlegungen anstellt, nur, es redet niemand darüber, die meisten trauen sich nicht, andere wieder glauben, es würde sich noch alles zum Besten wenden, das sind Optimisten, die aber immer seltener werden."

„Und zu welcher Kategorie zählst du dich?", fragte ich. „Ich? Manchmal denke ich, es könnte noch einmal aufwärtsgehen, aber beim letzten Mal, als ich mit meinem Papa darüber gesprochen habe, ist mein Optimismus ziemlich rasch verflogen. Er ist überzeugt, der Krieg sei für die Deutschen endgültig verloren!"

Wir schwiegen, jeder hing seinen eigenen Gedanken nach, bis der Schnellzug im Bahnhof von Zauchtel anhielt und wir in den Personenzug nach Neutitschein umsteigen mussten. Unser Abteil war unbeheizt, finster und ungemütlich. Nur wenige Menschen hatten den gleichen Weg, wir waren allein. Und dann erzählte ich Berti, was sich zwischen Herta und mir ereignet hatte; ich konnte einfach nicht anders, ich m u s s t e mit jemandem darüber reden. Noch nie war Gelegenheit dazu gewesen, und, ehrlich gesagt, mir fehlte auch der Mut. Ich erzählte, wie alles gekommen war und dass ich nicht wüsste, ob ich Herta dieses Mal treffen würde. Berti bekam runde Augen und lachte:

„Du bist ja ein echter Glückspilz! Ich verstehe nur nicht, warum du dann so traurig bist!"

„Denk doch darüber nach", sagte ich, „ich habe sie seit damals weder gesehen, noch habe ich ein Lebenszeichen von ihr bekommen, keinen Feldpostbrief, nichts! Und beim letzten Urlaub war sie nicht zuhause!"

„Das muss noch nichts bedeuten, Briefe können verloren gehen, und so weit ich mich erinnere, sind wir damals ohne Ankündigung nachhause gefahren. Du kannst nicht erwarten, dass sie immer zuhause sitzt und auf dich wartet! Hast du ihr denn geschrieben?"

„Nein, ich habe es versucht, aber ich konnte nicht die richtigen Worte finden. Ich habe noch nie so einen Brief geschrieben."

„Na also, bedenke, sie ist in genau derselben Situation wie du! – Übrigens, besuchen wir morgen wieder die Schule?", fragte Berti. „Nein, morgen nicht, vielleicht übermorgen! Wir haben in Seitendorf kein Telefon,

vereinbaren wir daher schon heute, dass ich übermorgen vormittags um zehn zu dir komme."

Obwohl ich bei meiner Großmama hätte übernachten
können, die in der Nähe des Gymnasiums wohnte,
zog ich es vor, rasch nachhause zu kommen. Ein paar
Kilometer nahm mich ein Taxifahrer mit, den Rest
musste ich zu Fuß gehen.

Es war schon fast Mitternacht, als ich todmüde ins
Bett fiel.

Das Frühstück stand schon auf dem Tisch, als ich in
die Küche kam. Aus dem Radio erklang Musik von
Mozart, und die beiden kleinen Brüder spielten auf
dem Teppich. Hans Günter war schon auf dem Weg ins
Gymnasium, mit dem Fahrrad, so wie ich es jahrelang
getan hatte. Im vergangenen Schuljahr und während
der ersten Hälfte des laufenden fuhren wir fast täglich gemeinsam nach Neutitschein. Er war traurig und
fühlte sich allein, als ich zum Militär musste; so ganz
allein war er allerdings nicht, es fuhren noch einige
Buben aus dem Ort mit.

Während des Essens fragte meine Mutter, wie es
uns ginge im fernen Oberschlesien; in den Nachrichten werde wenig berichtet über diese Gegend,
dafür umso mehr über die anderen Kriegsschauplätze.
„Ich fürchte, die Amerikaner und Engländer werden
in Hinkunft auch Österreich nicht verschonen mit
ihren Bombenangriffen", sagte sie, und mir fiel auf,
dass sie ‚Österreich' sagte und nicht ‚Ostmark', wie
es zu dieser Zeit üblich war. Und nach einer Weile
des Nachdenkens:

„Stell' dir vor, sie zerstören unser geliebtes Wien, so wie sie die deutschen Städte zerstören, es wäre furchtbar!" Wir hatten ein echtes Nahverhältnis zu Wien seit dem Jahr 1939. Als tschechische Übergriffe auf Sudentendeutsche an der Tagesordnung waren, fuhr meine Mutter mit mir und meinem Bruder für ein paar Wochen zu Tante Klara, der Schwester meines Vaters, nach Wien, um der schlimmsten Zeit auszuweichen. Für uns Kinder war es trotz aller Sorgen die Erfüllung der Sehnsucht, das Leben in einer Großstadt kennenzulernen. Die Mutter ging mit mir in die Staatsoper zu ‚Entführung aus dem Serail' und ins Burgtheater zu ‚Ahnfrau'. Die Schauspielerelite bestand damals aus Raoul Aslan, Werner Krauss und Fred Liewehr, um nur einige zu nennen, letzterer stammte aus Neutitschein, sein Bruder Franz Liewehr war öfter zu Gast bei uns. Ich war im siebten Himmel.

„Es wäre leicht möglich, dass sie auch Wien angreifen", antwortete ich, „jetzt, wo sie von Stützpunkten in Italien aus anfliegen können, ist es keine Hexerei, und vor allem, wir können sie daran nicht hindern, weil wir viel zu wenig Flugzeuge haben. – Nein, bei uns in Oberschlesien ist es verhältnismäßig ruhig, n o c h ist es ruhig, aber es wird nicht so bleiben!"

Und dann erzählte ich von unseren Begegnungen mit KZ-Häftlingen. Mit entsetztem Gesicht hörte sie zu.

„Aber das dürfen sie mit diesen armen Leuten nicht tun", rief sie voller Mitgefühl, „das sind doch Menschen, die nichts Unrechtes getan haben!" Und nach einer kurzen Pause: „Ich habe Angst vor dem, was auf uns

zukommt, es wird für uns eine Katastrophe werden!"
Sie sollte leider recht behalten.

Meine Mutter holte einen Brief, der im Glastürchen
der Kredenz steckte. Er war von Herta; nach einem
Augenblick der Freude erfüllte mich ein jäher Schreck:
Dieser Brief konnte nichts Gutes bedeuten. Und da sagte
die Mutter schon: „Du kannst es noch nicht wissen,
Herta ist seit einer Woche nicht mehr in Seitendorf. Sie
wurde an die Volksschule in Fulnek versetzt, besser
gesagt, sie hat sich dorthin versetzen lassen, weil sie
ihren Eltern, die dort wohnen, nahe sein wollte!"

Die Nachricht traf mich wie ein Keulenschlag; alles
hätte ich erwartet, nur das nicht! Ich ging hinüber in
mein Zimmer und öffnete den Brief. Er war nur kurz:

*Mein lieber Helmut! Wenn Du diese Zeilen in den
Händen hast, werde ich nicht mehr in Seitendorf sein.
Ich kann mir vorstellen, dass Du jetzt sehr enttäuscht
und traurig bist! Der Entschluss, fortzugehen, ist mir
nicht leicht gefallen, das kannst Du mir glauben. Aber
ich denke, es ist besser so. Wir sind beide jung und
haben das Leben noch vor uns. Und wir haben etwas in
unseren Herzen, das andere nicht haben: die Erinnerung
an die wunderbarste Stunde, die junge Menschen
haben können! Niemand kann sie uns nehmen. Der
liebe Gott möge Dich behüten auf all Deinen Wegen!
Deine Herta.*

Die Mutter kam leise ins Zimmer: „Du hast sie gerne
gehabt, stimmt's? Du bist jetzt sehr traurig, aber die
Zeit wird auch diese Wunde heilen."

Ich habe Herta nie mehr wiedergesehen. Nur einmal,
viele Jahre später in Wien, in der Mariahilferstraße,

da war mir, als ginge sie in Begleitung eines Mannes auf der anderen Straßenseite, aber ich denke, es war nur eine Täuschung. Und selbst wenn sie es leibhaftig gewesen wäre, was hätte es für einen Sinn gehabt, sie anzusprechen?

Über den Rest dieser Urlaubstage breite ich den Mantel des Schweigens. Ich weiß nicht mehr, wie lange das Unglücklichsein bei mir dauerte, ich weiß nur, dass es sehr weh getan hat und dass ich mich von der ersten großen Enttäuschung meines Lebens nur sehr langsam erholte.

Damit komme ich zum Ende des Abschnittes, den ich im Text bereits als ‚ersten Abschied' bezeichnet und mit dem Kapitel *Abfahrt in die Ungewissheit* begonnen habe. Der Dienst in der Batterie versank nicht nur im Morast der Weichselniederung, sondern auch im Schlamm des Alltäglichen. Die einzige erwähnenswerte Neuerung war die Ausstattung der Messstaffel mit einem Funkmessgerät, wodurch die meisten bisher verwendeten Geräte kaum mehr gebraucht wurden. Aber auch dieses neue ‚FUMG' konnte die Effizienz des Einsatzes bei Luftangriffen nicht wesentlich verbessern. Unsere umgebauten Kanonen verursachten so viele Ladehemmungen, jedes Mal mit nachfolgendem Laufherunterkurbeln, Kartusche herausstoßen und Lauf wiederhinaufkurbeln, dass durch diese Zeitverluste von einer normalen Schussfolge keine Rede sein konnte. Schossen andere Batterien mehrere hundert Granaten in die Luft, waren es bei uns bestenfalls dreißig oder vierzig. Es kann sein, dass man die Geschütze später austauschte; in der Zeit meiner Anwesenheit erfolgte es nicht. Wenn man bedenkt, dass statistisch gesehen zwischen dreitausend und fünftausend Granaten für den Abschuss eines einzigen Bombers notwendig waren, konnten wir mit unseren mickrigen Ergebnissen keine Lorbeeren ernten. Für mich kein Anlass, Minderwertigkeitskomplexe zu bekommen: Je weniger wir schossen, desto weniger amerikanische oder englische Fliegersoldaten mussten sterben, aber auf der anderen Seite wurden dadurch mehr Bomben auf deutsche Städte abgeworfen, ja, und die Vernichtungsbilanz des Krieges kam wieder ins Gleichgewicht.

Mit dem Ausdruck Alltäglichkeit assoziiere ich alle nötigen Verrichtungen, die sich von einem Tag auf den anderen wiederholen. Im Militäreinsatz ist es noch mehr ein Trott ohne große Abwechslungen als im zivilen Leben: Morgenappell, das Eintreffen der Professoren, die man aus ihren Quartieren in einer uralten, geschlossenen Pferdekutsche mit schwarzem Dach heranzukarren pflegte, der Unterricht, das Mittagessen, der Waffendienst, das Exerzieren, das Putzen der Unterkünfte. Alles spielte sich in einer Gegend ohne Horizonte ab, ohne Blickpunkte, ohne Vergangenheit und ohne Zukunft. War es ein Wunder, dass wir beide, Berti und ich, versuchten, mit unseren Tätigkeiten diesen Alltag ein bisschen aufzulockern? Ich denke, nicht.

Jene Jahre, die eigentlich die schönsten des Lebens hätten sein sollen, waren angefüllt mit Beschwerlichkeiten, unausweichlichen Zwängen und Notlagen.

Kurze Heimkehr,
danach der zweite Abschied

Wie immer, wenn ein Kapitel in meinem Dasein zu
Ende geht, gleichgültig, ob es erfolgreich, anstrengend,
langweilig, lustig, wichtig oder deprimierend war, erfüllt mich der Abschied mit einer gewissen Wehmut;
Menschen, mit denen man monatelang beisammen
war, Freud und Leid teilte, verschwinden aus dem
Blickfeld und tauchen nie wieder auf. Wir ließen die
Monotonie der Batterie hinter uns, sie, die uns fast
ein Jahr lang Aufenthaltsort und Heim gewesen war.
Nach dem Abschied taumelten wir neuen, weitgehend
unbekannten Zielen entgegen, in der Gewissheit, nie
wieder hierher zurückzukommen. Die Endgültig-
keit ist es, die mir zu schaffen macht! Hier vollzog
sich auch die Trennung von meinen Schulfreunden.
Das Schicksal wollte es, dass jeder zu einer anderen
Einheit einrücken musste. Auch dieser Abschied war
endgültig; ich habe keinen einzigen von ihnen jemals
wiedergesehen, auch den armen Berti nicht. Es hieß, er
sei an der Ostfront als vermisst gemeldet, und dabei
blieb es bis heute.

Man schrieb das Kriegsjahr 1944. Was der gute alte
Herr Mitschka vor einem Jahr vorausgesagt hatte, war
mit tödlicher Gewissheit eingetroffen. Die Deutschen
Truppen mussten an allen Kriegsfronten Niederlage
um Niederlage einstecken. Die Russen konnten nicht

nur die Ukraine zurückerobern, sie stießen danach auch bis Warschau vor. Hier konnten die Deutschen noch einigermaßen Widerstand leisten, aber wie lange noch??

Im Mai begann auch die Verteidigungslinie, die sich quer durch Italien erstreckte und ,Gustav-Linie' genannt wurde, zu bröckeln. Englischen und kanadischen Einheiten gelang der Durchbruch, nachdem Monte Cassino gefallen war.

Kloster Monte Cassino? Ein Synonym für die Sinnlosigkeit aller kriegerischen Aktionen, die in der Geschichte stattgefunden haben und noch stattfinden werden!

Stellvertretend für eine Unzahl ähnlicher Wahnsinnstaten, beispielsweise der Krieg in den Alpen während des Ersten Weltkrieges: Kampf um den unscheinbarsten aller Dolomitengipfel, den Monte Piana bei Missurina. Innerhalb von zwei Jahren sterben zwölftausend österreichische und italienische Soldaten, absolut umsonst. Zurück zu Monte Cassino: Hier sind es zwanzigtausend deutsche und fünfundfünfzigtausend alliierte Soldaten, die im Kampf um einen fünfhundert Meter hohen Hügel, auf dem ein Kloster stand, ihr Leben lassen mussten! Auch umsonst und ohne militärische Notwendigkeit! Man muss sich vor Augen halten: Es handelte sich zahlenmäßig um mehr als die Bevölkerung der beiden Städte Neutitschein und Troppau zusammen!

Anfang Juni rüstete ich zu meinem zweiten Abschied. Etwa drei Wochen, so erinnere ich mich dunkel, konnte ich noch den Aufenthalt im Paradies namens Seitendorf genießen, dann erhielt ich die Einberufung zum Reichsarbeitsdient, kurz RAD genannt. Gemeinsam mit einigen wenigen Leidensgenossen fuhr ich nach Breslau. In einem Vorort namens Masselwitz (oder so ähnlich) befand sich, oh welche Freude, wieder ein Barackenlager, das diesmal für exakt drei Monate mein Domizil sein sollte. Ich sehe mich, noch vor dem Durchschreiten des hölzernen Tores, vor dem ein Wachposten hin und her marschierte, auf meinem Koffer sitzen und im Kreise meiner Kameraden eine Zigarette rauchen, sozusagen die letzte Zigarette in der Freiheit. Ringsum hohes Laubgehölz, in dem Vögel lustig sangen und zwitscherten; sie waren frei, wir nicht. Dann, mit einem deutlichen Ruck der Aufbruch nach dem Motto: Bringen wir es hinter uns, je früher wir hineingehen, desto früher kommen wir wieder heraus!

Zuerst Schreibstube, Kontrolle der Papiere, dann zur Uniformausgabe. Dieses Mal in elegantem Erdbraun. Zur Ausrüstung gehörte ein Spaten, Synonym der stumpfsinnigsten Einrichtung, die ein Menschenhirn je erdachte. Das ist nicht auf den Spaten an sich bezogen, der ist ja ein vernünftiges und brauchbares Werkzeug, sondern auf den Zusammenhang, in dem er hier als Exerziergerät missbraucht wurde. Zuerst schaute ich mir die Gesichter der Ausbilder an, die diesen Zirkus als professionelle ‚Arbeitsmänner‘ in Gang hielten. Was konnte einen mit Vernunft ausgestatteten Mann veranlassen, einen derart hirnlosen Beruf zu ergreifen? Das Verlangen nach einem sicheren Einkommen, die Freude, keine Wohnungs-, Nahrungs- und Kleidersorgen zu haben, ein Glied in der diktatorischen Hierarchie des Nazismus zu sein? Primitivität, Autoritätsbedürfnis, Sadismus, oder alles zusammen? Ich weiß es nicht.

Der erste Tag beginnt mit Aufweckgebrüll, Betten-machen, Gedränge im Waschraum, Antreten zum Appell, Hissen einer Hakenkreuzfahne, Ansprache des Oberfeldmeisters, Begrüßung im Namen des Führers, heil, heil, heil, unserem Führer sei dank, dass er es so gut mit uns meint; Exerzieren stundenlang mit dem Spaten zu Kommandos, über die man lachen könnte, wären sie nicht so unsagbar blödsinnig. Die Philo-sophie dahinter war klar, es ging um vormilitärische Erziehung, körperliche Ertüchtigung und nicht zuletzt um das Zurücksetzen des selbständigen Denkens in Richtung Kadavergehorsam. Letzteres ist ihnen bei mir allerdings nicht gelungen.

Über den Exerzierhof schallten die Kommandos: „Aaantreten, Aachtung-prää-sentiert-den-Spaaaten, den-Spaaaten-leeegt-niiiieder, Stillgestaaanden, Rührt-euch!" stundenlang, tagelang! Bei dem Kommando ‚Spaten legt nieder' musste man sich auf das rechte Knie niederlassen, den Spaten rechts niederlegen und wieder aufstehen, bei ‚Spaa-ten-hoch' (oder so ähn-lich) niederknieen, den Spaten aufnehmen, aufstehen, strammstehen, den aufgenommenen Spaten wie ein Gewehr neben den rechten Fuß setzen und auf den nächsten Scheißbefehl (kein Druckfehler!) warten.

In diesem Umfeld ist es beinahe überflüssig zu er-wähnen: die Metallteile des Spatens mussten natürlich stets sorgfältigst gereinigt, vom Rost befreit und auf Hochglanz gebohnert werden. Eine echte Herausforderung nicht nur für Gymnasiasten!

Nach dem Mittagessen irgendeine Nazi-Schulung, und dann wieder Exerzieren und nochmals Exerzieren.

Der zweite Tag verlief wie der erste, nur mit einem Unterschied: Ich hatte vom Spaten-auf-und-nieder einen Muskelkater in den Arschbacken, dass ich kaum gehen und noch weniger sitzen konnte. Letzteres musste ich aber bei den Theoriestunden tun, in welchen wir unterrichtet wurden, was man alles mit einem Spaten machen kann und wozu er gut sei, aus welchen Teilen er bestehe, wodurch er sich von einer Schaufel unterscheide, und welche Terminologie anzuwenden sei, um die Einzelteile zu beschreiben. Es war gut, dass man uns das alles mit einer Art tierischen Ernstes und noch größerer Gewissenhaftigkeit beibrachte, wir hätten sonst am Ende geglaubt, der Spaten sei nur zum Exerzieren da.

Der dritte Tag verlief wie der zweite, bis auf den Muskelkater, der sich ein bisschen gebessert hatte.

Es folgten der vierte, fünfte, sechste, zehnte, fünfzigste und schließlich der neuzigste Tag, mit dem der Spuk Gott sei Dank sein Ende hatte.

Der zwanzigste Juli lag irgendwo in der Mitte dieser Zeit. Als die Nachricht vom Attentat auf Hitler kam, traf es alle wie ein Keulenschlag und die Verstörtheit stand den Leuten ins Gesicht geschrieben. Allerdings konnte diese Betroffenheit zwei ganz gegensätzliche Gründe haben. Die einen trauerten, weil Hitler mit dem Leben davongekommen war, das waren die Vernünftigen, auch jene, die dem kriegerischen Blutvergießen ein Ende bereiten wollten, und die anderen trauerten deshalb, weil man ihrem Idol, dem großen, unfehlbaren, genialen, gottgleichen Führer so etwas Fürchterliches wie das Töten antun wollte.

Ich habe immer gegrübelt, wie i c h diese Nachricht damals aufgenommen habe. Ich weiß es nicht. Es ist möglich, dass ich durch alle diese widersprüchlichen Erlebnisse der Kriegsjahre schon ein bisschen abgestumpft reagierte und erst, nachdem ich die Bilder des beschädigten Führerbunkers in der Zeitung sah und die unglückliche Fügung, die schließlich zum Scheitern des Anschlages geführt hatte, richtig begriff, und erst dann echte Betroffenheit empfand, weil Hitler am Leben geblieben war. Die Konsequenzen für die Initiatoren des Attentats mussten furchtbar gewesen sein, nicht nur des unausweichlichen Todes wegen, der sie erwartete, sondern auch des Wissens wegen, dass sie sterben mussten, ohne ihr Ziel erreicht zu haben.

Selbstverständlich gab es zwischendurch auch Tage, an denen der Dienstablauf anders war, dann nämlich, wenn wir irgendwo am Stadtrand von Breslau Schützengräben und Unterstände ausheben mussten, ähnlich den KZ-Häftlingen in der Flakbatterie, nur mit dem Unterschied, dass wir besser genährt und gekleidet waren und mit Sicherheit wussten, die blöde Plackerei habe nach drei Monaten ein Ende. Diese Schützengräben hielten sie für notwendig, um mit Hilfe des Volkssturmes die angreifenden Russen aufhalten zu können und so den von einigen Unverbesserlichen immer noch erwarteten Endsieg sicherzustellen. Volkssturm? Ja, das war sozusagen das letzte Aufgebot an Kanonenfutter. Nachher gab es nichts mehr in Deutschland, mit dem man hätte Krieg führen können. Der Volkssturm bestand aus Männern und Buben, die fürs reguläre Militär schon zu alt, beziehungsweise noch zu jung waren; sie bekamen größtenteils gar keine Uniformen mehr und wurden in der Nähe ihrer Wohnorte eingesetzt.

Ich denke, mehr ist zu diesem Arbeitsdienst-Kapitel meiner militärischen Laufbahn nicht zu sagen, es würde mir auch schwerfallen, denn ich habe mich in all den Jahren redlich bemüht, die beschämendsten Details zu vergessen.

Der dritte und letzte Abschied

Als ich wieder in der Heimat ankam, waren die alliierten Truppen gerade dabei, in der Normandie zu landen, kurze Zeit später auch irgendwo im Süden, bei Cannes; und es gelang ihnen, sich in Frankreich festzusetzen und dieses schöne Land Stück für Stück den deutschen Invasoren wieder zu entreißen.

Unter diesen Aspekten erwartete ich mit etwas gemischten Gefühlen den Einberufungsbefehl, der kommen musste wie das Amen im Gebet. Dass sie jemals einen Kandidaten vergessen haben, halte ich für ausgeschlossen, eher wäre es möglich gewesen, dass einer zwei Einrückungsbefehle bekam.

Schließlich war es so weit. Am Bahnhof gab es kein Gedränge wie bei den beiden Abschieden vorher. Meine Mutter hat es sich nicht nehmen lassen, mich zum Bahnhof zu begleiten, und wieder hatte ich einen Karton mit Johannisbeer-Streuselkuchen im Gepäck. Ich war der Einzige, der wegfuhr zum Militär, die meisten meiner Schulfreunde waren schon weg oder warteten auf ihren Einsatzbefehl.

Mein Ziel hieß Troppau. Dort stand ein alter Kasernenkomplex aus der Zeit der Österreichischen Monarchie, die Böhm-Ermolli-Kaserne, benannt nach dem k. u. k. Generalfeldmarschall Eduard Freiherr von Böhm-Ermolli, der seit 1918 in Troppau lebte, 1941 starb und hier auch begraben ist. Trotz des ehrwürdigen Namensgebers war der alte Kasten eine echte Wanzenburg. So viele Wanzen auf einem Haufen habe ich nie wieder gesehen, auch später nicht im Lazarett von Halle, das eher auf Läuse spezialisiert war. Man konnte die Wanzen auch bei Tag sehen, man musste nur mit einem brennenden Feuerzeug unter den Fugen der Bettbretter entlangfahren, da purzelten sie reihenweise herunter. Es störte mich nicht weiter, denn auf mich gingen sie nicht. Ich wurde nie von einer Wanze gebissen, in meinem Blut muss irgendein Stoff enthalten sein, den diese Quälgeister nicht mögen; im Gegensatz zu meinen Zimmergenossen, die viele schlaflose Nächte erlebten.

Die Böhm-Ermolli-Kaserne war Standort des in einschlägigen Kreisen berühmten Infanterieregiments

Nr. 28, kurz ‚Troppauer Jäger' genannt. Dieses Traditionsregiment legte offenbar Wert auf meine Mitgliedschaft, sonst hätten sie mich ja nicht einberufen. Wieder wurde ich eingekleidet, dieses Mal in schlichtem Feldgrün. Es gab Situationen, da fühlte ich mich schon als Routinier, zumindest, was den militärischen Alltag betraf.

Zunächst hatte ich erwartet, es würde sich einer der Offiziere daran erinnern, dass ich mich als Reserveoffizier freiwillig gemeldet hatte, aber niemand nahm Notiz davon. Ich war genau so ein ‚Schütze Arsch' wie jeder andere auch, und das viele Wochen lang. Es hätte keinen Sinn, jetzt über das Kaserneneinerlei zu reden, erstens habe ich das meiste schon vergessen und zweitens ist es sowieso immer dasselbe gewesen.

Herausragend aus dieser Zeit ist nur ein Ereignis, das den Betroffenen leicht hätte ins Auge gehen können.

Die Alliierten hatten nach der Landung in Italien vor allem das Ziel, möglichst viele Flugzeugbasen zu errichten, von wo aus Bombengeschwader in Richtung Deutschland starten konnten. Eine solche Basis war Foggia in Apulien. Und so nahmen von dort aus Pulks zu hunderten Flugzeugen Kurs über die Alpen nach Norden. Ich weiß nicht wie oft, aber oft genug überflogen sie das mährische Gebiet und natürlich auch Troppau. Jedes Mal wurde Alarm gegeben und wir mussten in den Kasernenkeller, die starken Ziegelgewölbe boten offenbar guten Schutz gegen Bombeneinschläge. Trotzdem fühlte ich mich da unten nie sicher, denn ich war von der Flak her das Gegenteil gewohnt: bei Alarm nie sich irgendwo verkriechen, sondern in Richtung Geschütze laufen und aktiv sein.

Eines Tages, es war gegen elf Uhr am Vormittag, saßen wir wieder einmal im Keller, während über uns die Bomber dahinzogen. Und dann gab es plötzlich zwei mächtige Detonationen, fast gleichzeitig, die Mauern zitterten, wir auch, Putz rieselte von der Decke und es wurde stockfinster. Wir rannten hinauf und sahen mitten am Kasernenhof zwei riesige Bombentrichter; fast alle Fensterscheiben waren zerbrochen, Wasser- und Stromleitungen waren kaputt, die Fassaden waren von Splittereinschlägen gezeichnet, aber sonst hatten sie keinen Schaden an den Gebäuden angerichtet. Es war wie ein Wunder, und es war seltsam, dass außer diesen beiden Bomben im Umkreis von vielen Kilometern keine weiteren Einschläge zu verzeichnen waren. Das ist keine authentische Aussage, sie besagt lediglich, dass wir es nicht gewusst haben. War es ein gezielter Abwurf? Ich glaube es nicht, so genau konnten die Abwurfgeräte gar nicht funktionieren, es war nichts anderes als ein purer Zufall.

Sofort wurden alle nötigen Reparaturen in Angriff genommen. Da die Klosetts unbenutzbar waren, wurde im Vorgarten eine lange Latrine ausgehoben und ein sogenannter Donnerbalken montiert. Eine Bretterwand als Sichtschutz wurde aufgestellt, aber seltsamerweise nicht dort, wo sie Sinn gehabt hätte, nämlich entlang des k. u. k. Schmiedeeisengitters zur Straße hin, nein, sie stellten sie zur Kaserne hin auf, damit die Soldaten ihren Kollegen beim Scheißen nicht zuschauen mussten. Ehre, wem Ehre gebührt! Stattdessen konnten jene Bürger von Troppau, die gerade vorbeigingen, wackere Vaterlandsverteidiger bei einer

Tätigkeit beobachten, die normale Menschen ohne Publikum auszuführen wünschen.

Mich störte diese kuriose Sache zwar, aber was sollte ich dagegen tun? Es gab keine Alternative. Zu allem Übel hatte ich einen Zimmergefährten, der, wenn er neben mir auf dem Balken hockte, allerlei Geschichten von seiner Verwandtschaft zu erzählen pflegte und gelegentlich das Bedürfnis hatte, seine Hämorrhoiden vorzuführen. Auf beide Dinge, die Geschichten und die Hämorrhoiden, war ich absolut nicht neugierig. Bis zu diesem Augenblick hatte ich nicht gewusst, dass es Hämorrhoiden überhaupt gab. So lernt man die Medizin auch von der Rückseite kennen.

Von Anfang an war ich einer SMG-Kompanie zugeteilt. SMG heißt auf gut Deutsch ‚schweres Maschinengewehr‘. Eigentlich war es ein ganz gewöhnliches Maschinengewehr, das Schwere daran war nur die Lafette, auf der das MG montiert werden konnte. Angeblich konnte man damit genauer zielen und mehr Feinde umbringen. Der Lafettenträger musste immer ein kräftiger Mann sein, denn sie wog zwanzig Kilo, und mit zwanzig Kilo auf dem Buckel zu rennen, sich hinwerfen und wieder aufstehen war schon eine große sportliche Herausforderung. Aber auch als Munitionsträger kam man rasch an die Grenze des Leistbaren.

‚Panta rhei‘ ist ein griechisches Zitat, wird Heraklit zugeschrieben, und heißt auf Deutsch ‚Alles fließt‘. Auch die Zeit in Troppau floss dahin, zwar ein bisschen zäh, aber doch. Eines Tages hieß es, das IR 28 würde umgestaltet. Was da im Entstehen begriffen war, hat damit zu tun, dass die an einen Sieg Glaubenden immer weniger wurden; stattdessen versuchten jene, die noch dazu imstande waren, das bevorstehende Ende wenigstens hinauszuzögern, solange es ging. Dass diese Galgenfrist noch zusätzliche Menschenopfer fordern würde, war ihnen egal. Hauptsache die eigene Haut war für den Augenblick gerettet. So ging man daran, die letzte deutsche Division des Zweiten Weltkrieges aus allen noch vorhandenen Einheiten zusammenzustoppeln. Die ‚neue' Einheit sollte ‚Division Ulrich von Hutten' heißen; dies habe ich aber erst später erfahren. Ich glaube auch nicht, dass dieses Truppengebilde noch rechtzeitig fertig wurde.

Auf jeden Fall musste ich meine Siebensachen zusammenpacken; man schickte mich auf die Reise nach Cosel, einem Kaff an der Oder in Oberschlesien. Wenn ich mich recht entsinne, war dort das Infanterieregiment Nr. 84 stationiert, oder war es Nr. 384? Egal.

Nun war ich total isoliert unter Oberschlesiern, die ein Kauderwelsch aus Deutsch, Polnisch und Tschechisch sprachen. Sie stammten aus der Umgebung, waren also echte ‚Pierunjes' und stritten, zankten und schimpften ganze Abende hindurch lautstark und temperamentvoll miteinander. Pierunje war ein polnisches Schimpfwort und ein etwas geringschätziger Ausdruck für die oberschlesische Grenzlandbevölkerung. Zu verstehen war nur ein Bruchteil dessen, was sie redeten, und ich fühlte mich selten so einsam wie in dieser ersten Zeit.

Nach ein paar Tagen jedoch merkte ich, dass sie gar nicht stritten miteinander stritten, vielmehr war es ihre laute Art der Konversation, ich habe Ähnliches viele Jahre später auch bei Serben und Bosniaken erlebt. Da spielten wohl ein Quantum Machoverhalten und Renommiersucht eine Rolle dabei. Ja, und Akademiker waren auch keine unter ihnen. Sie merkten, dass ich ziemlich isoliert war und im Grunde kein unsympathischer Kerl; es dauerte nicht lange und das Eis war gebrochen, sie bemühten sich, ein bisschen kultivierter zu sprechen, so dass ich verstand, was sie redeten, und dann spürte ich auch, dass sie trotz ihrer polternden Lautheit ganz annehmbare Zeitgenossen waren, lustig, kameradschaftlich und hilfsbereit. Mehr war auch nicht notwendig.

Eines Abends trieb mich die Langeweile aus der Kaserne. Ich beschloss, in einem Gasthof auf dem Hauptplatz eine Kleinigkeit zu Abend zu essen. Das Lokal war nur mäßig besetzt und ich hatte keine Mühe, einen freien Platz zu finden. Gerade wollte ich mir eine Zigarette anzünden, als ein junges, sehr hübsches Mädchen an meinen Tisch trat und fragte, ob sie sich setzen dürfe. Da hatte ich natürlich absolut nichts dagegen.

„Entschuldigen Sie, dass ich Sie anspreche", sagte sie in nicht ganz akzentfreiem Deutsch, „aber ich möchte Sie bitten, sich mit mir zu unterhalten, so als würden wir uns schon lange kennen!"

„Ja, natürlich! Und ich denke, Sie werden mir auch sagen, warum!" Von dieser Art der Annäherung habe ich noch nie gehört, dachte ich bei mir.

„Danke. Ich will Ihnen sagen, warum. Sehen Sie den Leutnant, der gerade zur Tür hereinkommt?"

„Ja."

„Er hat mich auf der Straße angesprochen. Ich sagte ihm, ich hätte schon eine Verabredung, und ließ ihn stehen!"

„Und warum wollen Sie nicht mit ihm sprechen?"

„Es ist nicht das erste Mal, dass er mich belästigt. Ich mag ihn einfach nicht, weil er arrogant und aufdringlich ist."

„Aha, und jetzt soll ich so tun, als wären wir gute Bekannte! Stimmt's?"

„Ja, falls es Sie nicht stört und Sie mir nicht böse sind!"

„Warum sollte ich Ihnen böse sein?", sagte ich und lächelte. „Ich freue mich immer, mit einer hübschen jungen Dame sprechen zu können! Sie sprechen ein sehr gutes Deutsch!"

Der Leutnant hatte sich an einem Tisch neben der Schank niedergelassen und las in einer Zeitung.

Das Mädchen setzte sich so, daß sie ihn nicht ansehen musste.

„Und worüber wollen wir sprechen?", fragte ich. „Ich heiße übrigens Helmut Hermann und bin derzeit als Soldat hier in Cosel stationiert."

„Ich heiße Anna, meine Eltern rufen mich Anschi. Ich bin hier in Cosel nur vorübergehend, in zwei Monaten werde ich wieder nach Hause fahren."

„Und wo ist dieses Zuhause?"

„Ich bin Polin und stamme aus Kasimierza."

„Kasimierza? Noch nie gehört, wo liegt das?"

„Etwa vierzig Kilometer nordöstlich von Krakau. Mein Vater ist Betriebsleiter einer großen Zuckerfabrik.

Es ist ein schönes Land und ich liebe es! Sie sollten es sehen! Nur achtzig Kilometer sind es zu den Bergen der Tatra. Wir sehen die häufig schneebedeckten Gipfel von unserem Haus"!

„Es gefällt mir, wenn ein Mensch mit so viel Liebe von seiner Heimat spricht! Ich stamme aus dem mährischen Schlesien, mein Heimatdorf liegt von den Westbeskiden nur einen Katzensprung entfernt! Aber bleiben wir auf dem Boden der Realität: Wir haben Krieg, und die Russen stehen nicht mehr weit vor unserer Heimat!"

„Ich weiß", seufzte Anna. „Es kommt noch eine schwere Zeit auf uns zu. Aber auch sie werden vorübergehen – ich sehe zuversichtlich in die Zukunft!"

„Habt ihr durch die deutsche Besatzung sehr gelitten?", fragte ich.

„Nein, materiell sind wir nicht zu Schaden gekommen, aber es bedrückt uns, von einer fremden Macht besetzt zu sein. Wir Polen sind ein freiheitsliebendes Volk!"

„Woher kommt es, dass Sie so gut Deutsch sprechen?"

„Meine Mutter ist Schlesierin, ich bin zweisprachig aufgewachsen."

Heute noch bewundere ich Menschen, die zwei oder mehr Sprachen von klein auf beherrschen. Ich war nicht in dieser glücklichen Lage. Zwar hatten wir in der Volksschule Tschechischunterricht, aber als 1939 die Deutschen kamen, war das leider kein Thema mehr.

„Ich beneide Sie darum!", sagte ich. „Ich gäbe viel dafür, wenigstens zwei Sprachen sprechen zu können.

Das bisschen Schulenglisch ist nicht der Rede wert. Wir Grenzlandbewohner sollten auch die zweite Sprache unserer Region beherrschen, es wäre dem Zusammenleben förderlich.

Meine Mutter spricht etwas tschechisch, es reicht gerade für den Hausgebrauch, mehr nicht. Es ist der einzige Vorwurf, den ich meinen Eltern je machen kann; sie hätten darauf bestehen sollen, dass mein Bruder und ich Tschechisch lernen."

„Habt ihr viele Tschechen im Ort?" fragte Anna.

„Seitendorf hat etwa 950 Einwohner, 700 Deutsche und 250 Tschechen. Die meisten Tschechen sprechen Deutsch, aber es gibt einige Familien, die es aus rein nationalistischen Gründen ablehnen, Deutsch zu sprechen, sie könnten es vielleicht, aber sie wollen nicht!"

„Vertragt ihr euch mit den Tschechen?", fragte Anna weiter.

„Bis zu dem Augenblick, als Hitler sich in die Belange der Sudentendeutschen einzumischen begann, h a b e n wir uns verstanden, sehr gut sogar! Aber das ist vorbei! Und ich verstehe auch, dass uns die Tschechen nicht mehr mögen. Sie betrachten uns als Landesverräter, und sie haben in gewisser Weise recht!"

„Sie sagen ‚nur in gewisser Weise'. Haben sie denn nicht ohne Einschränkung recht?"

„Nein, denn ein bestimmter Teil der Sudetendeutschen wollte nicht, dass uns Hitler heimholte ins Reich! Nur die Leute um Konrad Henlein wollten es und sie haben am lautesten darum gebettelt und geschrien!"

Ich wusste, dass ich mit dieser Einschätzung auch nicht ganz beim Kern der Sache war. Dieses Kapitel war zu umfangreich, um in einem einzigen Satz abgehandelt zu werden. Nach einer kurzen Pause sagte Anna:

„Ich denke, es ist Zeit, zu gehen. Sie kommen sonst zu spät in die Kaserne!"

„Ja, gehen wir. Ich möchte Sie nachhause begleiten, ich hoffe, Sie haben nichts dagegen!"

Der Platz des Leutnants war schon leer, als wir das Lokal verließen. Erst jetzt kam mir zu Bewusstsein, dass ich vergessen hatte, zu essen. Aber es war plötzlich nicht so wichtig. Anna hängte sich bei mir ein und wir gingen langsam durch die dunklen Straßen.

Es ist immer eine seltsame Sache, das Kennenlernen von Menschen, dachte ich, und von vielen Zufällen abhängig. Manche Menschen sagen ‚Schicksal' dazu, oder sprechen von göttlicher Fügung. Immer schon hielt ich dieses für Unsinn. Es war für mich nichts anderes als unbeeinflussbarer, unwägsamer Zufall, etwa so, wie zwei Steine am Meeresufer plötzlich am Strand nebeneinander liegen, von einer Welle an Land gespült, und einen Augenblick später, wenn die nächste Welle heranschwappt, wieder voneinander getrennt werden. Ob diese beiden Steine je wieder zusammen kommen? Sicher nicht! (Mein wunderbares Erlebnis mit Herta hatte mich auch von einigen kindlichen Illusionen befreit!)

Wenn es stimmte, was Anna sagte, so war für unser Zusammentreffen die Tatsache ausschlaggebend, dass sie diesen Leutnant nicht mochte. Ich glaubte ihr jedes

Wort und empfand große Sympathie, besser gesagt, ich war drauf und dran, mich in sie zu verlieben. Aber da stand eine Aussichtslosigkeit im Wege, die groß war und unüberwindlich. Wie sollte in dieser unseligen Zeit des Krieges etwas funktionieren, das schon in normalen Zeiten ein schwieriges Unterfangen war?

„Du bist auf einmal so schweigsam, woran denkst du gerade?", fragte Anna und fiel unwillkürlich in die vertrauliche Anrede, so als wären wir alte Bekannte.

Ich sagte es ihr und fügte hinzu: „Ich habe diese Stunde, in der wir beisammen waren, sehr genossen, sie wird mir unvergesslich bleiben. Ich könnte mir sogar vorstellen … Ach was, es hat ja doch keinen Sinn!" Ich war plötzlich sehr niedergeschlagen und starrte in die Finsternis der freudlosen Straße.

„Ich werde auch immer an unser Zusammentreffen denken", meinte Anna, und verlangsamte ihre Schritte. Schließlich standen wir vor ihrer Haustür. Es wurde ein stiller, schweigsamer Abschied, mit einem Kuss, in dem Freude und Schmerz gleichermaßen vereint waren.

Zwei Tage später marschierte ich in der vorletzten Reihe meiner Einheit durch die Stadt. Anna stand am Straßenrand; als sie mich erblickte, überzog sich ihr Gesicht mit einer tiefen Röte, dann hob sie beinahe unmerklich die Hand zum Gruß. Ich konnte gerade noch mit einem Kopfnicken antworten, dann war sie in der Menge verschwunden.

Noch einen gab es, der fremd war in dieser Gruppe, er hieß Fritz, war einen Kopf größer als ich und stammte aus Bielitz-Biala. Er war mein Bettnachbar und wir beschlossen, einander im Dienst und auch in der Freizeit ein bisschen näher zu kommen. Gelegentlich tranken wir ein Bier in der Kantine, oder wir schlenderten abends durch die Straßen von Cosel, das ja nun alles andere als eine Weltstadt war.

Die Tage vergingen im Soldatenalltag, wie alles im Leben vergeht. Es wurde bitter kalt und die Landschaft rundum versank in tiefem Schnee. Im Rahmen der militärischen Ausbildung jagte man uns in den Winter hinaus. Weite Märsche wurden unternommen, irgendwo in einem leeren Gasthaussaal wurde Stroh ausgelegt, auf dem wir schlafen mussten, manchmal auch ohne Heizung. Wer die dünnen Militärdecken von damals kennt, wird mitempfinden können, wie kalt so ein Lager sein kann. Tagsüber mussten wir mit dem SMG Schießübungen machen, was bewirkte, dass wir stundenlang im Schnee lagen und froh waren, wenn wir zwischendurch eine Strecke laufen konnten. Der Hauptmann, unfreundlicher, sturer Prototyp eines preußischen Offiziers, stand zwischen uns, die wir im Schnee zitterten, trug aber selber einen dicken Ledermantel. Seine Befehle klangen in der frostigen Winterlandschaft wie heiseres Hundegebell.

Am nächsten Morgen dasselbe Spiel, nur etwas perfektioniert, denn Hauptmann ‚Sade' verbot uns das Anziehen der Mäntel. Es hatte nicht sechs, sondern neun Grad unter null, und es wehte ein Nordostwind, der alles noch eisiger machte. „Wenn ihr jetzt in Russland wärt, würdet ihr noch mehr frieren!", bellte er. „Also los, auf marsch marsch, keine Müdigkeit vortäuschen, ihr Schlappschwänze! Baut euch eine Stellung im Schnee und wartet auf weitere Befehle!" Offenbar hatte er im Sinn, uns noch schnell zu harten Soldaten heranzuzüchten, denn sonst hätte er das Befehlen seinen Unteroffizieren überlassen.

Meine Gruppe befand sich am weitesten weg von dem Leuteschinder, wir gruben schnell ein Loch in den Schnee, so tief es ging, und krochen hinein, brachten das MG in Schussposition und warteten. Zehn Meter von uns entfernt sahen wir eine kleine Hütte stehen. Als sich eine gute halbe Stunde nichts tat und wir schon so unterkühlt waren, dass wir die Kälte fast nicht mehr spürten, nahmen wir das MG und rannten zu der Hütte. Sie bestand nur aus einem einzigen Raum, bot uns aber wenigstens Schutz vor dem Wind. Einer hielt immer Ausschau beim Fenster, wir anderen hockten rauchend in einer Ecke. Dass wir kein Kältegefühl mehr hatten, war die erste Stufe zum Erfrieren, und damit es nicht noch schlimmer werde, begannen wir in dem kleinen Raum herumzu-hüpfen, mit den Händen zu schlagen und zu singen, um uns wachzuhalten. Es dauerte eine kleine Ewig-keit, bis ein Soldat auftauchte. Die anderen Gruppen waren schon eingerückt, auf uns hatten sie prompt vergessen. Viel länger hätten wir auf den Befehl nicht mehr warten können.

Die Weihnachtszeit rückte heran, aber von einer be-sinnlichen oder feierlichen Stimmung konnte keine Rede sein. Sie kam einfach nicht auf in diesem trüben Milieu; wir hatten nicht einmal eine winzige Kerze, die wir hätten anzünden können. Jeder von uns bekam eine Weihnachtszuwendung von einem halben Liter schlechten Cognac und zwei Schachteln Zigaretten. Nur wenige der Soldaten bekamen Post aus der Heimat, ich war nicht darunter. Am Heiligen Abend, es war der zweite, den ich fern der Heimat erlebte, war der Höhepunkt an Tristesse erreicht.

Man mutete uns schon sehr viel zu! Im Alter von siebzehn und einem halben Jahr musste ich, und mit mir hunderttausende andere, mit der Erkenntnis zurechtkommen, dass sich innerhalb kurzer Zeit die Welt in einem Maße verändert hatte und es fraglich schien, ob eine Rückkehr in das frühere Leben jemals würde möglich sein. Und wer hatte uns diese ganze Misere eingebrockt? Natürlich die ältere Generation, dachte ich, aber w e n sollte ich dafür verantwortlich machen?? Ich fand keine Antwort.

An dieser Stelle entsinne ich mich einer Begebenheit, die ich im Jahre 1995, also rund fünfzig Jahre später, in einer italienischen Berghütte erlebte. Ich glaube, es war das *Rifugio Alimonta* in der Brenta-Gruppe. Nach einer anstrengenden Klettersteigtour saßen meine Lebensgefährtin und spätere Frau Martina und ich beim Abendessen, als sich zwei junge Deutsche zu uns an den Tisch gesellten. Beide waren etwa achtzehn, neunzehn Jahre alt.

„Hallo, Sportsfreunde", sagte der eine, „wir haben euch lange beobachtet, ihr wart ganz flott unterwegs auf den Leitern", sagte der eine, und meinte damit den Abstieg zur Hütte über eine etwa hundertzwanzig Meter hohe, senkrechte, stellenweise überhängende

Felswand, die mit Eisenleitern gesichert war. „Wir haben euch beobachtet, alle Achtung!"

„Wenn man ohne Klettersteigsicherung unterwegs ist, dann geht's immer um einiges schneller", antwortete ich.

„Warum nehmt ihr keine Sicherungen?"

„Weil wir keine haben, wir haben noch nie welche gehabt!"

Er schaute mir abschätzend ins Gesicht: „Solltest du nicht doch mit Sicherung gehen, in deinem Alter? Du gehst doch sicher schon auf den Sechziger zu!"

„Danke für die Blumen. Ich habe ihn sogar schon überschritten", sagte ich belustigt, „ich bin achtundsechzig!"

„Dann gehörst du also auch zu denen, die den Krieg mitgemacht haben. Ihr habt uns schon ein total beschissenes Erbe hinterlassen!"

„Wie meinst du das?"

„Ich meine die Sache mit den Nazis und mit dem Krieg und mit allem, was danach kam!" Seine Stimme bekam einen Unterton von Unversöhnlichkeit.

„Ja, ganz so unrecht hast du nicht!", sagte ich, „nur, bei m i r bist du an der falschen Adresse mit deiner Beschwerde!"

„Ich weiß, jetzt will keiner schuld gewesen sein. Ich hätt's mir denken können!"

„Jetzt hör' mir gut zu, Kollege", sagte ich, „bevor du den Mund aufmachst, solltest du darüber nachdenken, was du sagen willst! Als der Krieg seinem Ende entgegen ging, war ich vermutlich jünger als du jetzt bist, nämlich siebzehn! Die Leute, die damals das

Sagen hatten, waren um eine Generation älter als ich!",
und ich fügte noch hinzu: „Ich verstehe deine Nöte
und Sorgen, aber du solltest bedenken, dass letztendlich jede Generation in der gleichen Situation steckt,
immer gibt es Negatives, das die Jungen von ihren
Eltern übernehmen müssen! Diesmal allerdings war
es besonders schlimm. Aber sich da eine Kollektivschuld zusammenzuzimmern, nach der jeder, der
des Weges daherkommt, klassifiziert wird, ist einfach ungerecht!"

Tarnowitz

Die Feiertage waren kaum vergangen, als uns ein Einsatzbefehl erreichte, der die ganze Kompanie innerhalb
eines Tages in Marsch setzte. Es ging in Richtung Osten,
an Gleiwitz vorbei, bis in den Umkreis von Beuthen
und Tarnowitz. Ein winziges Dorf, den Namen habe
ich vergessen, mitten in einem ausgedehnten Wald-
gebiet; es gab nur eine einzige Straße, die durch den
Ort führte. Wir nahmen Quartier in einem Gasthof.
Der große Saal, in dem sonst Feste gefeiert wurden
und Veranstaltungen stattfanden, war uns Schlaf-, Ess-
zimmer und Aufenthaltsraum gleichermaßen.
　　Unsere Aufgabe war die Bewachung des Ortes und
eines bestimmten Waldgebietes, das im Osten lag. Die

naheliegendste Frage war: Gegen wen sollte bewacht werden? Wer sollte die winterliche Ruhe dieser Idylle stören? Da die russische Front noch etliche zig Kilometer entfernt war, gab es nur die eine Antwort: Polnische Widerstandskämpfer und Partisanen. Dazu hatte sich unser Oberleutnant ein teuflisches System erdacht. Jede Wache sollte aus zwei Mann bestehen, die ein bestimmtes Gebiet auf- und abpatrouillieren mussten, ein Melder sollte die Verbindung zwischen den einzelnen Wachposten aufrechterhalten, und jetzt kommt das eigentlich Teuflische an der Sache: die Wachezeiten sollten bis zur Ablöse drei Stunden dauern, dann hatten wir drei Stunden frei. Während dieser Freizeit hatten wir zu essen, alle täglichen Verrichtungen zu erledigen und zu schlafen. Dann wieder drei Stunden Wache und drei Stunden frei, Tag und Nacht, bis in alle Ewigkeit? Nach zwei Tagen wird die Sache zu einem Albtraum, besonders die Schlafphase macht uns zu schaffen, denn kaum hat der Schlaf die nötige Tiefe erreicht, wird man schon wieder geweckt und muss zum Einsatz.

Die Eintönigkeit des Wachdienstes während der Nachtstunden wurde nur von russischen Flugzeugen unterbrochen, die mit Motorkraft herangeflogen kamen, dann den Motor abstellten und im Gleitflug irgendwo in der Finsternis herumgeisterten, man wusste nicht genau wo. Es mussten winzig kleine und langsame, gleitflugfähige Flugzeuge gewesen sein. Wenn es der Pilot für richtig befand, warf er mit der Hand eine Leuchtbombe aus dem Flugzeug, der er kurz danach eine kleine Sprengbombe folgen ließ. Sie richteten meistens keinen Schaden an, sie sollten hauptsächlich stören und

Unruhe stiften. Nach dem Abwerfen schaltete der Pilot den Motor wieder ein und knatterte davon, kam nach angemessener Zeit wieder, mehrmals pro Nacht. Man nannte sie ‚Nähmaschinen‘ oder ‚Nataschas‘. Primitiver konnte es nicht sein, die Technologie erinnerte an die Flugzeuge des Ersten Weltkrieges: der Pilot war gezwungen, in einer offenen Kabine zu sitzen und alles händisch zu erledigen. Vielleicht hatte er auch einen Assistenten, der ihm das Bombenhinauswerfen abnahm.

Tagsüber wurden von den Russen andere Flugzeuge eingesetzt, die wesentlich gefährlicher waren. Es waren Tiefflieger, bewaffnet mit kleinen Sprengbomben. Sie hatten die Fähigkeit, knapp über den Baumwipfeln hinwegzufliegen und wurden dadurch nicht gehört und erst bemerkt, als sie schon fast über dem Waldrand auftauchten. Es ging um Bruchteile von Sekunden und man hatte kaum eine Chance, irgendwo in Deckung zu gehen. Als ich einmal mit zwei Wasserkannen zum Dorfbrunnen ging, glaubte ich, das Geräusch des herannahenden Fliegers zu hören, es war mehr Intuition als etwas anderes, ich ließ die Kannen fallen, rannte zum nächsten Haus und vollführte einen Hechtsprung durch die offene Haustür. Im nächsten Augenblick krachte es schon und dort, wo ich die Kannen fallen gelassen hatte, klaffte ein kleiner Bombenkrater von etwa dreißig Zentimeter Tiefe in der Straßendecke. Die Kannen waren von Splittern durchsiebt und als Wassergefäße nicht mehr zu gebrauchen. Besser die Kannen als ich, war mein erster Gedanke! Der zweite Gedanke: Diese Bombe hat keiner mit der Hand geworfen!

Später gehörten solche Abenteuer beinahe zum Tagesablauf. Man musste schon gehörig aufpassen und mehr den eigenen Instinkten folgen als konkreten Wahrnehmungen.

Etwa eine Woche hatte es gedauert, bis wir uns an den Dreistundentakt des Wachestehens gewöhnt hatten, so wie der Mensch vieles im Leben erträgt. Eines Nachts, es war in der dritten Woche unseres Einsatzes, bekam ich hohes Fieber und Schüttelfrost, ich blieb im Bett und fühlte mich schwach und sterbenselend. Der Fritz brachte mir ein paar Aspirintabletten aus der Krankenstube, viel mehr gab es nicht. Ich versuchte, wenigstens ein paar Stunden zu schlafen.

Doch mit des Geschickes Mächten ist kein ew'ger Bund zu flechten, sagte schon Schiller. Ausgerechnet in dieser Nacht, in der ich mich gesundheitlich so schlecht fühlte, gab es plötzlich Alarm. Alle mussten draußen antreten, aber keiner wusste, was los war.

Zum ersten Mal hörten wir dumpfen Geschützdonner aus östlicher Richtung. Dort musste die Front gegen die sowjetischen Truppen liegen. Sollten wir jetzt dorthin marschieren? Dann gnade uns Gott! Mit gemischten Gefühlen blickte ich zum Nachthimmel, ob nicht schon Feuerschein im Osten zu sehen sei.

In diesem Augenblick rief der Hauptfeldwebel: „Achtung, alle Reserveoffiziersanwärter rechts raustreten!" und als dieses geschehen war: „Macht euch marschbereit. Ihr werdet nach Niederschlesien in eine Offiziersschule verlegt! Ihr habt genau eine Stunde Zeit bis zum Abmarsch!"

Das war möglicherweise Rettung in letzter Not. Ich fühlte mich trotz meiner Beschwerden und meiner Müdigkeit erleichtert. Nun machte sich meine damals etwas ungewisse Entscheidung, mich als Offiziersanwärter zu melden, doppelt bezahlt; einmal, um der SS zu entgehen, wie bereits geschehen, und jetzt, das Wegkommen von der Ostfront. Damit waren natürlich nicht alle Gefahren beseitigt, man konnte auch vom Regen in die Traufe kommen. Das Schicksal lässt sich selten n u r günstig stimmen, aber fürs Erste war eine gewisse Erleichterung da.

Fritz war leider nicht unter den ‚Auserwählten' und der Abschied war schwer. Ich versuchte, ihn zu trösten: „Schau, Fritz, in unserer jetzigen Situation kann niemand sagen, wer von uns Beiden das bessere Los gezogen hat, du oder ich, vielleicht hast du jetzt die bessere Möglichkeit, näher bei deiner Heimat zu bleiben. Ihr sollt, so habe ich gehört, noch eine Zeit lang hierbleiben. Also, leb wohl und viel, viel Glück!"

Ich habe nie wieder etwas von ihm gehört.

Wir machten uns bereit zum Abmarsch. Seltsamerweise mussten wir unsere Gewehre dort lassen, stattdessen bekamen wir irgendwelche Beutegewehre. Es können dänische oder schwedische gewesen sein, auf jeden Fall waren sie anders konstruiert. Um sie bedienen zu können, mussten wir noch vor dem Abmarsch Übungen mit scharfer Munition machen. Manch ungewollter Schuss knallte dabei durch die Nacht und nur der liebe Gott verhinderte, dass es Tote oder Verletzte gab, wir waren dazu nicht imstande.

Görlitz

Noch in der Finsternis marschierte die Gruppe ab. Bepackt mit allen Besitztümern, die ich im Moment mein Eigen nannte, dazu kam das Gewehr samt Munition; es war schon ein mühsamer Packen, den ich zu schleppen hatte. Ich fühlte mich immer noch fiebrig und müde und ich hatte Mühe, dem Marschtempo zu folgen.

Während wir in Richtung Beuthen dahinmarschierten, hatte ich Zeit, über den Sinn dessen, was ich gerade erlebte, nachzudenken. Angenommen, die Russen waren noch vierzig oder fünfzig Kilometer weiter östlich in Kämpfe mit den sich zurückziehenden deutschen Truppen verwickelt, so war nicht vorhersehbar, wann sie in Oberschlesien eintreffen würden. Sicher war nur, dass es nicht lange dauern konnte; vielleicht einen Monat? Oder mehr? Ich hatte keine Ahnung.

Und im Westen? Als erste deutsche Stadt hatten die Amerikaner schon im Oktober 1944 Aachen erobert und jetzt waren sie dabei, auch die rechtsrheinischen Gebiete einzunehmen. Die Alliierten hatten längst deutschen Boden erreicht, und die Kämpfe fanden auf deutschem Boden statt!

Das waren nackte Tatsachen, sie mussten für die Deutschen niederschmetternd sein. Ich fand es geradezu schizophren, dass in dieser Situation junge Offiziersanwärter noch in eine Militärschule geschickt wurden, obgleich sich rundherum alles in Auflösung befand.

Was haben sich diese Leute dabei gedacht? Sicher haben sie nicht daran gedacht, ein kleines Häufchen junger Soldaten könne dadurch vor dem Heldentod gerettet werden. Und ich gehörte zu diesen Glücklichen, im Augenblick zumindest. So profitieren manche zuweilen von der Dummheit einiger Unverbesserlicher, andere wiederum zahlen drauf. Es wird erst wieder geschehen in einem künftigen Krieg, aber der liebe Gott bewahre die Menschen vor einer derartigen Apokalypse.

Der Zug von Beuthen nach Breslau war überfüllt mit Flüchtlingen. Mit ihren Habseligkeiten waren sie vor den Russen auf der Flucht. Sie wussten nicht, was sie auf dieser Reise ins Ungewisse erwartete, aber auch wenn sie es gewusst hätten, sie hätten keine andere Wahl gehabt. Die Bahnhofspolizei hatte zwei Abteile für uns und das Gepäck freigemacht. So konnten wir halbwegs bequem reisen. Als wir in Breslau ankamen, hatte ich meine Grippe schon fast überwunden. Zuhause wäre ich höchstwahrscheinlich eine Woche lang im Bett gelegen; hier aber hatte ich keine Zeit zum Kranksein.

Der Bahnhof von Breslau glich ebenfalls einem Hexenkessel und war rettungslos verstopft mit Menschen, die in den Westen wollten. In den Westen? Ich weiß nicht, ob die Schlesier damals schon wussten, dass Stalin & Co in Jalta über die künftige Grenze Deutschlands zu Polen bereits entschieden hatten. Sie sollte entlang der Neisse nach Norden verlaufen. Das bedeutete, dass der Westen bei Görlitz beginnen sollte.

Die Kapazität der Bahn reichte nicht aus, alle Flüchtlinge aufzunehmen und dorthin zu bringen, wo keine Gefahr für Leib und Leben bestand.

Mit den Ellbogen mussten wir uns den Weg durch die Menschenmassen bahnen, voran unser Feldwebel, den wir nicht verlieren durften, denn er hatte die Marschpapiere unserer aus vierzehn Mann bestehenden Gruppe bei sich. Ohne diese Papiere hätte uns die Feldpolizei ohne zu zögern dorthin geschickt, wo wir herkamen, nämlich an die russische Front. Sie lauerten in der Menge und hielten Ausschau nach Soldaten in Uniform, die möglicherweise versuchten, sich in die Heimat abzusetzen, anstatt bis zum letzten Atemzug für den Führer zu kämpfen und zu sterben.

Sie hatten bereits begehrliche Blicke auf uns geworfen, aber der Feldwebel hielt unsere Papiere unmissverständlich über dem Kopf, da war alles hieb- und stichfest. Die Fahrt konnte nach der üblichen Meldung beim Bahnhofskommandanten fortgesetzt werden.

Mehrmals musste der Zug wegen Fliegeralarm auf freiem Feld anhalten. Tieffliegerangriffe auf zivile und militärische Ziele waren Teil der alliierten Zermürbungstaktik. Und da sie immer weniger auf Widerstand stießen, konnten sie tun und lassen, was sie wollten, niemand hinderte sie daran. Ich traf niemanden, der sich zu dieser Zeit daran erinnern konnte, einen Luftkampf über Deutschland beobachtet zu haben.

Irgendwo am Fuß des Riesengebirges, dessen Gipfel nebelverhüllt waren, liegt der schöne Ort Hirschberg. Von dort wäre es nur eine kurze Strecke nach Trautenau gewesen, ich hätte viel gegeben, dorthin fahren zu können, denn dort lebten Verwandte von mir. Da wusste ich noch nicht, dass ich mit dem Terminus Trautenau sehr bald in engere Berührung kommen würde; es dauerte nur zwei Tage.

Nach einer Fahrt mit vielen Unterbrechungen kamen wir schließlich in Görlitz an. Hier befand sich tatsächlich noch ein Schulungszentrum für angehende Offiziere, ganz ohne Improvisation und zufriedenstellend ausgestattet. Ich wurde einem Zimmer zugeteilt, in dem sich schon ein paar ‚Kollegen' eingefunden hatten. Eine kleine Gruppe von ihnen schien mir sehr sympathisch zu sein und ich fragte, woher sie kämen.

„Wir kommen aus Trautenau! Und du?", fragte einer.

„Ich komme aus Neutitschein!", antwortete ich, „aber wenn ihr aus Trautenau seid, da müsstet ihr doch meinen Onkel kennen, es ist der Zahnarzt Dr. Rücker!"

„Selbstverständlich kennen wir ihn! Einen Zahnarzt kennt doch jeder!"

„Ja, und ich frage gleich weiter", sagte ich, „kennt ihr euch auch in Groß Aupa aus?"

„Na klar, was glaubst du, wie oft wir auf der Schneekoppe waren? Unzählige Male! Was hast du mit Groß Aupa zu tun?"

„Also, in Groß Aupa gibt's das Gasthaus Bönsch; es ist das Stammhaus der Familie, die über Generationen hinweg Besitzer und Bewirtschafter mehrerer Berghütten im Riesengebirge sind. Mein Onkel Dr. Helmut Franek hat in diese Familie hineingeheiratet. Übrigens, ich heiße Helmut Hermann!"

„Ich bin der Theo Wihan, neben mir steht, ‚Fips'chen' Mühlberger, und dort drüben, das ist der Peter Lutter, wir sind Schüler des Realgymnasiums Trautenau!"

„Du meinst wohl, ihr seid es gewesen!", warf ich ein. „Die Zeiten der Heimatflak liegen nun auch schon wieder mehr als ein Dreivierteljahr zurück!"

„Du hast natürlich recht, aber ich glaube, es k a n n nicht mehr lange dauern, bis wir nach Hause zurückkommen, und dann werden wir wieder in die Schule gehen."

Etwas anderes als eine baldige Heimkehr war für uns nicht denkbar, besonders für die Trautenauer. Sie befanden sich hier in Görlitz nördlich des Riesengebirges und nur die Berge trennten sie von ihrer Heimat. Manch einer wird darüber nachgedacht haben, auf Schleichwegen übers Gebirge zu entkommen, aber was dann? Es gab wenig Überlebenschancen.

Wenn mir damals jemand prophezeit hätte, dass es ein halbes Jahrhundert dauern würde, bis ich meine Heimat, das Kuhländchen, wiedersah, hätte ich ihn einen krummen Hund geschimpft.

Mit meinen neuen Freunden waren auf Anhieb Anknüpfungspunkte und Gemeinsamkeiten vorhanden, die zu einer Freundschaft fürs ganze Leben gereicht hätten. Aber damals in so großen Zeitläuften zu denken, war reine Blasphemie. Wir waren schon zufrieden, wenn es um zwei oder drei Monate ging.

Der Besuch der Offiziersschule unterschied sich kaum zu denen früherer Zeiten. Die Ausbilder spulten das Lehrprogramm ab, als säße uns nicht das Gespenst der unmittelbar bevorstehenden Niederlage im Nacken. Sie ließen es sich nicht anmerken, zumindest waren sie darum bemüht. Sie taten das, was sie tun mussten, aber auch nicht mehr. Ich erinnere mich nicht, in dieser Zeit je hochtrabende Naziparolen gehört zu haben, auch von unserem Chef nicht. Sie versuchten, möglichst ohne Widrigkeiten über die Runden zu kommen, und taten ihre Pflicht als Berufssoldaten. Heute noch denke ich, sie gehörten zu jenen vernünftigen Menschen, die sich von der Nazidoktrin nicht vereinnahmen ließen.

Theo Wihan war von uns der Kreativste. Sein Kopf steckte voller Ideen, die er hegte und pflegte und weiterentwickelte; sie beiseitezuschieben war seinem rastlosen Naturell nicht entsprechend, eher wollte er sie aussprechen, uns mitteilen und uns zum Mitmachen animieren. Eines seiner Projekte war, eine völlig neue Stadt zu planen, eine Fantasiestadt sozusagen, Architektur mit allen nötigen Infrastrukturen, Versorgungsanlagen, Schulen, Kindergärten, Betrieben und was sonst noch alles in einer Stadt gebraucht wird. Es war eine interessante Aufgabe, die jede Minute unserer kargen Freizeit in Anspruch nahm. Wir besorgten uns ein paar Bögen weißen Packpapieres, Bleistifte, Lineale und Radiergummis, und dann konnte es losgehen. Wir legten einen Maßstab fest, nach dem alles zu Papier gebracht wurde. Straßen wurden angelegt, auf die Kanalisation wurde nicht vergessen, auch nicht auf eigene Elektrizitäts- und Gaswerke und ein großes Stadion.

Die Sache war so recht nach meinem Geschmack; noch ahnte ich nicht, dass ich das Planen auch in meinem späteren Leben zum Beruf machen würde. Vielleicht war diese Art von Freizeitgestaltung sogar prägend für mich, denn bis zu diesem Zeitpunkt war ich noch unschlüssig, welchen Beruf ich ergreifen sollte.

Als wir uns nach meiner Verwundung trennen mussten, faltete Theo unser Werk, so klein es ging, zusammen und verstaute es in seinem Tornister. Ist ihm die Rettung gelungen? Zu gerne wüsste ich auch, ob diese wunderbaren Freunde den Krieg überlebten, egal ob mit oder ohne Plan.

Man bemühte sich sogar, uns das Reiten beizubringen. Ein Offizier, der nicht reiten konnte, war offenbar nur ein unvollständiges Individuum. Die erste Reitstunde war ein Debakel. Theo bekam ein Pferd, das im selben Moment, als er aufsaß, auch schon losstürmte; er verlor die Zügel und konnte sich nur an Mähne und Hals festklammern. Bald war er außer Sichtweite und unsere Reitlehrer hatten ihren Spaß daran. Inzwischen versuchte ich, mein Pferd zu besteigen, aber ohne Sattel war das eine schwierige Sache und so kam es, dass ich auf der anderen Seite wieder hinunterrutschte. Das Pferd drehte den Kopf zu mir und schaute mich spöttisch an. Eigentlich sollten die Gäule an solche Vorkommnisse gewöhnt sein, es war sicher nicht das erste Mal! Ich habe nie begriffen, warum ein Reitlehrling ohne Sattel reiten lernen sollte, es wird dadurch nur schwieriger. Wenn einer als Indianer oder als Hunne zur Welt kommt und quasi mit Pferdemilch aufgezogen wird, ist es etwas anderes.

Einen weiteren Beweis für die Absurdität, mit der trotz zunehmender Untergangsstimmung bei den leitenden Offizieren der ganz normale Kasernenalltag vorangetrieben wurde, sah ich in der Tatsache, dass zwei Soldaten eines Tages unter dem Kommando eines Feldwebels per Bahn auf die Reise nach Köln geschickt wurden, um dort vier russische Maschinenpistolen abzuholen und nach Görlitz zu bringen. Man fand es wichtig, uns angehende Offiziere in der Handhabung dieser Waffen zu unterweisen. Die Maschinenpistolen sollten als Schauobjekte für den Waffenunterricht dienen. Die beiden Reisekandidaten wurden per Los ermittelt; ich war zufälligerweise wieder einmal dabei. Wenn ich gewusst hätte, wie mühsam und gefährlich diese Reise werden sollte, hätte ich mich an der Verlosung sicher nicht beteiligt.

Je weiter der Zug nach Westen kam, umso öfter musste er anhalten, weil Tieffliegerangriffe angekündigt wurden. Die Passagiere hatten den Zug zu verlassen und irgendwo im Gelände Deckung zu suchen, vorausgesetzt es gab eine Möglichkeit, sich zu verbergen. Aber nicht nur Züge waren Angriffsziel, auch einzelne Menschen, Bauern auf den Feldern etwa, wurden rücksichtslos beschossen. Einen sah ich, der mit seinem Gespann gerade beim Ackern war, als ein Tiefflieger auftauchte. Die Tiere stehen lassend, rannte er einem nahen Wäldchen zu und schaffte es, unter den Bäumen Deckung zu nehmen, noch ehe das Flugzeug gewendet und zu einem neuen Angriff angesetzt hatte. Zufällig hatte ich mich mit einem Kameraden in diesem Wäldchen bereits in Sicherheit gebracht. Außer Atem tauchte der Bauer vor uns auf. Er sagte, derartige Vorkommnisse gehörten hier in der Gegend zum Alltag, aber daran gewöhnen könne man sich trotzdem nicht. Schließlich ginge es ums eigene Leben und das der Tiere, lange würden es die Menschen nicht mehr durchhalten. Jeder neue Tag bringe neue Gefahren, aber die Feldarbeit müsse gemacht werden, da führe kein Weg daran vorbei.

Ich überlegte, was für ein Gefühl es für einen Piloten sei, auf wehrlose Menschen Jagd machen zu müssen. Musste er? Oder gab es die Alternative, zwar anzugreifen, aber nicht genau zu zielen, bewusst danebenzuschießen? Eine Gewissensfrage für den humanistisch denkenden Menschen, der in Kriegszeiten unter Befehlsnotstand zu handeln hatte.

Die Ankunft im bereits schwer beschädigten Köln war geprägt von Fliegeralarmen am laufenden Band. Von den Straßenzügen rund um den ebenfalls getroffenen Dom existierten nur Trümmerhaufen und spärliche Mauerreste, ein deprimierender Anblick. Irgendwo am Stadtrand befand sich eine Kaserne; dort holten wir die russischen Maschinenpistolen ab. Zwei Pakete, mit Segeltuch umwickelt und verschnürt. Wir beeilten uns, diese unwirtliche Gegend zu verlassen, in der man sich des Lebens nicht sicher fühlen konnte. Die Rückfahrt führte uns über Koblenz. Auch hier immer wieder Alarme, Luftangriffe, Bombenabwürfe, gottlob nicht in unserem unmittelbaren Bereich. Die Abfahrt unseres Zuges verzögerte sich, pünktliche Abfahrten gehörten zu den Ausnahmen. Um die Wartezeit zu verkürzen, machte ich einen Abstecher zum Deutschen Eck, das sich mir noch ohne Bombenschäden zeigte, aber ringsum gab es große Zerstörungen. In Friedenszeiten musste es hier am Rhein wunderschön sein, dachte ich. Erst viel später erfuhr ich, dass das Reiterstandbild Kaiser Wilhelms II., das sich mir in der gleichen Hässlichkeit präsentierte wie alle anderen Denkmäler dieser Provenienz auch, etwa zwei Wochen später von amerikanischen Artilleriegeschoßen zerstört wurde. Angeblich unabsichtlich und rein zufällig.

Die Rückfahrt dauerte bis in die frühen Morgenstunden. Immer wieder kam es zu Unterbrechungen, stundenlang hielt der Zug auf freier Strecke. Irgendwo waren ein paar junge Mädchen in unser Abteil zugestiegen. Sie waren auf dem Weg zu irgendeinem Kriegseinsatz und voller Abenteuerlust, von der ich ein paar Stunden lang profitierte. Neben mir saß ein bildhübsches dunkelhaariges Mädchen aus Kiel; dass sie bildhübsch war, sah ich nur beim Schein eines Streichholzes, wenn wir uns Zigaretten anzündeten, sonst herrschte völlige Dunkelheit. Unter ihrem Deckmantel geschah manch reizvolle Schmuserei, mehr war nicht möglich. Umso gähnender allerdings die Leere, nachdem die Mädchen in irgendeinem Bahnhof ausstiegen und uns im Abschiedsschmerz allein ließen.

Die beiden Pakete wurden in der Waffenkammer deponiert; damit war unser Auftrag ausgeführt. Meines Wissens hatte niemand das Bedürfnis, diese russischen Maschinenpistolen auch nur anzuschauen, geschweige denn sie zu benützen oder im Unterricht zu verwenden.

Für jeden unnützen Befehl, der in der deutschen Wehrmacht erteilt worden ist, möchte ich nur einen einzigen Groschen haben, da wäre ich der reichste Mensch auf Erden!

Die Kaserne hatte rundum einen parkähnlichen Garten, der nach allen Seiten hin von einem hohen Maschendrahtzaun umgeben war. An einer Seite grenzte dieser Zaun an ein großes Grundstück, auf dem sich barackenähnliche Gebäude befanden. In diesem Lager waren Kriegsgefangene der Englischen Armee untergebracht, hauptsächlich Soldaten aus Indien, braunhäutige Männer mit kohlschwarzen Bärten und blauen Turbanen, die im Garten auf und ab gingen und sich ruhig miteinander unterhielten. Ich hatte noch nie im Leben einen Inder gesehen, und mit ihnen zu sprechen hätte mich fasziniert. Also schlich ich abends mit einem meiner Freunde in den Garten. Ich hätte mir vorstellen können, dass Gespräche mit Kriegsgefangenen verboten waren, aber es war mir gleichgültig. Und dann standen wir zwei Prachtexemplaren von Indern gegenüber. Ich kratzte die letzten Reste meines Schulenglisch zusammen und eine etwas holprige Unterhaltung begann, denn eher verstanden sie uns, als wir sie. Sie sprachen eine Art Indoenglisch, an das wir uns kaum gewöhnen konnten. Trotzdem spürte ich sofort jene Herzlichkeit und offene Freundlichkeit, die in Reisebeschreibungen oftmals gerühmt wird. „You are a friendly boy!", rief der eine, und dann ergriff er mit beiden Händen durch die Maschen des Zaunes hindurch meine Schultern, zog mich zu sich und küsste meine Wangen. Ich spürte den eigenartigen Duft, den er ausströmte, war aber nicht unbedingt begeistert davon, dass mich ein Mann küsste. Eine fesche Inderin wäre mir lieber gewesen; aber seine Reaktion war so spontan und von Herzen kommend, dass ich ihm nicht böse sein konnte. Schließlich holte er einen Zettel aus der Hosentasche und reichte ihn durch den Zaun. Es war seine Heimatadresse, gleichzeitig bekam ich die mit großer Eindringlichkeit vorgetragene Einladung, ihn in seiner Heimat zu besuchen.

Plötzlich hörten wir Schritte hinter uns. „Was macht ihr denn da? Wisst ihr nicht, dass Kontakte mit Kriegsgefangenen untersagt sind?" Es war unser Feldwebel. Ich sagte, und es war eine zwar schlagfertige, aber weit hergeholte Antwort ohne viel Zusammenhang: „Herr Feldwebel, wir sind Gymnasiasten, die sich auch für fremde Sitten und Gebräuche interessieren, da haben wir die Gelegenheit ergreifen wollen, mit den Indern zu sprechen!"

„So, so", sagte er, „jetzt ist aber Schluss damit. Schaut, dass ihr in euer Zimmer kommt!"

Ein fanatischer Nazi war er offenbar nicht, sonst hätte es sicher Konsequenzen gegeben.

Heute noch bedaure ich, der Einladung des Inders nicht nachgekommen zu sein. In den Nachkriegsjahren waren so weite Reisen unerschwinglich, die wenigsten Menschen hätten sich so etwas leisten können. Später war der Zettel mit der Adresse verschwunden und damit war das Problem für alle Zeiten vom Tisch.

Marsch ins Ungewisse

Ziemlich schnell und wieder unvermittelt war das Görlitzer Kapitel meiner Kriegsgeschichte zu Ende. Es lag im Trend dieser Zeit. Nichts Angefangenes konnte zur Vollendung gebracht und abgeschlossen werden, kaum hatte man sich irgendwo eingelebt, musste man von heute auf morgen wieder weiterziehen. Das hatte auch sein Gutes, denn in vielen Orten meiner unfreiwilligen Odyssee hätte ich nur ungern länger bleiben wollen.

Wie immer fielen die Entscheidungen innerhalb von Stunden, oder über Nacht. Es geschah am zehnten oder elften Februar 1945. Ganz genau weiß ich es nicht. Und wieder wurde es ein Abschied ohne Wiederkehr.

Der militärische Verfall der deutschen Armee war indessen nicht zu übersehen. Wurden wir bislang mit Eisenbahnzügen irgendwohin transportiert, so mussten wir dieses Mal zu Fuß gehen. Nur die Gulaschkanone und Munition wurden mit Pferdekraft befördert, alles andere trugen wir auf dem Rücken.

Es war ein trüber Wintertag, als wir abmarschierten. Ich denke, auch der Kompaniechef wusste nicht, wohin es gehen sollte, Hauptsache war die Richtung, in die wir gingen: nach Westen. Am ersten Tag kamen wir bis nach Bautzen. Die Stadt war vollgefüllt mit Flüchtlingen und Soldaten, es herrschte ein großes Chaos.

Was ich damals nicht einmal ahnen konnte, erfuhr ich lange nach dem Kriegsende. Während wir an Bautzen vorbeimarschierten, befand sich mein Onkel Walter irgendwo im Stadtzentrum, aber auch wenn wir voneinander gewusst hätten, hätte kaum eine Möglichkeit zu einem Treffen bestanden.

Ziemlich müde fielen wir auf unsere Notlager in einem Gasthaus außerhalb der Stadt. Es sollte noch schlimmer kommen. Während des ersten Marschtages ist man noch verhältnismäßig frisch und die Wehwehchen halten sich in Grenzen. Erst im Verlauf des zweiten Tages machen sich Druckstellen, Blasen an den Fersen oder Konditionsmängel bemerkbar.

Während des zweiten Tages kam irgendwann die Stunde der Wahrheit. Die ersten Maroden meldeten sich, unter ihnen auch jener Unteroffizier, der während der Ausbildung die größte ‚Schnauze' hatte. Er wusste alles besser, er war der beste Sportler von eigenen Gnaden, und ihm konnte niemand etwas vormachen. Nennen wir ihn Unteroffizier Großkopf. Wir marschierten gerade durch ein kleines Dorf, als er plötzlich kreidebleich im Gesicht wurde und nach einer Drehung um die eigene Achse zusammenklappte wie ein Taschenmesser. Wir setzten ihn auf den Munitionskarren, wo er bis zum Tagesziel stöhnend sitzen blieb. Die meisten Beschwerden betrafen die Füße. Fast alle hatten mehr oder weniger große Blasen an Fersen und Zehen. Die derben und harten Lederschuhe sorgten für übermäßige Reibung. Auch hatten die wenigsten das Glück, Socken zu besitzen, meistens gab es nur Leinenfetzen, die um die

Füße gewickelt wurden, sogenannte Fußlappen. Ich hatte auch nichts anderes. Meine Beschwerden hielten sich allerdings in Grenzen, denn ich hatte den Rat eines alten Landsers befolgt und zusätzlich zu den Fußlappen Zeitungspapier in die Schuhe eingelegt; es war eine Spur weicher und auch ein bisschen wärmer. Schlimmer war's beim Regen, da waren die Schuhe durchgeweicht und das Zeitungspapier verwandelte sich in nasse Klumpen, die an den Zehen klebten und wieder entfernt werden mussten.

Der dritte Tag war gekennzeichnet durch eine Reihe von Muskelkrämpfen, Gott sei Dank war ich davon nicht betroffen; sie waren bald wieder abgeklungen, die meisten Soldaten zeigten sich doch entsprechend abgehärtet. Den Unteroffizier Großkopf hatte man irgendwo zurückgelassen, damit er in ein Krankenhaus gebracht werden konnte.

Wir waren inzwischen in den Bereich von Dresden gekommen. Auf einer schmalen, von Obstbäumen gesäumten Landstraße marschierten wir nördlich von Dresden in Richtung Meißen. Mehrmals mussten wir in den Straßengräben Deckung vor Tieffliegern nehmen, vor direktem Beschuss blieben wir jedoch verschont.

Es war schon später Nachmittag, als wir auf intensive Flugzeuggeräusche aufmerksam wurden. Meine ,flakgeschulten' Ohren orteten hunderte von Bombenflugzeugen, die sich Dresden rasch näherten. Wieder gingen wir am Straßenrand in Deckung; dann wurden wir Zeuge eines jener Luftangriffe auf Dresden, die alle bisherigen Schreckensausmaße in den Schatten stellen sollten und etwa dreißigtausend Opfer forderten. Ein schauriges Inferno, das wir hier miterleben mussten, glücklicherweise für uns aus verhältnismäßig sicherer Entfernung. Wie gebannt schauten wir auf das todbringende Feuerwerk, spürten, wie die Erde zu beben begann, hofften und beteten für die Betroffenen um die Gnade, dass es bald vorbei sein möge. Es war furchtbar, ganz einfach furchtbar. Wortlos schaute ich zu Theo, Fips, Lutto und den anderen, aber ihnen ging es nicht besser.

Allmählich hatten wir uns an den Marsch gewöhnt. Meist trottete ich dahin, ohne viel zu reden, nur den eigenen Gedanken nachhängend und auf ein baldiges Ende der Plackerei hoffend. So ging es weiter, an Meißen vorbei, Riesa wurde rasch durchquert. Schon glaubten wir, man habe uns vergessen und nun müssten wir, dem Fliegenden Holländer gleich, gehen und gehen und gehen, bis in alle Ewigkeit! Er, der Fliegende Holländer, konnte wenigstens mit einem Schiff fahren, wir aber mussten uns mit eigener Kraft vorwärtsbewegen.

Schließlich kam doch das Ende des Marsches. Niemand wird je ergründen, wo es war, am allerwenigsten ich selber. Ich kann nur annehmen, es war irgendwo bei Eilenburg. Dort, in einer winzigen Bahnstation, stand ein Zug mit Viehwaggons, auch eine Verschublokomotive war da – und er schien doch tatsächlich auf uns müden Soldatenhaufen zu warten! Es dauerte nicht lange und wir waren in den Waggons verstaut. Langsam zuckelte der Zug in den mittlerweile angebrochenen Abend. Es wurde dunkel und wir benützten die Zeit, um etwas zu essen. Große Auswahl hatten wir nicht, zwei Schnitten Kommissbrot mit Margarine, ein paar Plättchen Wurst und ein Becher kalten Kaffees. Mehrmals während der Nacht hielt der Zug auf freiem Feld an, dann schob er rückwärts und schließlich wieder vorwärts; es schien, als hätte der Lokführer die Orientierung verloren. Nicht nur er, auch wir hatten keine Ahnung, wo wir uns befanden, es hieß, wir seien in der Nähe von Wittenberg. Wir hatten allmählich das Gefühl, es wisse niemand, was mit uns geschehen sollte. Wir versuchten zu schlafen, bald jedoch war es mit der Ruhe vorbei. Der Befehl erklang, auszusteigen und in Marschformation anzutreten. Mehr schlaftrunken als wach setzte sich die Kolonne in Bewegung.

Es war noch finster. Ich war im Besitz einer halb vollen Schachtel mit koffeinhaltigem ‚Schokakola'; ein kleiner Schatz in dieser Situation, der mir ein bisschen über Müdigkeit und Schlafbedürfnis hinweghalf. Jedes Mal, wenn ich wieder einzunicken und meinem Vordermann auf die Fersen zu stolpern drohte, ließ ich ein Stückchen Schokolade langsam im Mund zergehen, und so ging es weiter, bis wir an unserem Bestimmungsort angekommen waren.

Das letzte Gefecht

Im Morgengrauen erreichten wir die eher hässliche Industriestadt Bitterfeld. Hier ließ man uns ein paar Stunden schlafen, dann wurden die SMG-Züge neu eingeteilt. Wir erhielten einen neuen Zugführer, einen Unteroffizier, Träger vieler Auszeichnungen, die uns insgesamt großen Respekt einflößten. Er sei nie ein Leuteschinder gewesen, sagte er, und er wolle jetzt zum Schluss auch keiner mehr werden.

„Leute, ich bin Unteroffizier Kowalski", begann er seine ‚Inaugurationsrede'. „Wie ich sehe, seid ihr noch ganz jung, zu jung, glaube ich, zum Kriegführen, es ist ein Verbrechen, euch jetzt noch zu verheizen!" Er schüttelte den Kopf. „Ich kann nur meinen Teil dazu beitragen, indem ich dafür sorge, dass möglichst wenige von euch zu Schaden kommen. Wie ich das tun kann? Ich kann euch ein paar Tricks beibringen, wie man Verwundungen vermeidet. Alles Erfahrungen, die ich in zwei Jahren Fronteinsatz sammeln konnte. Zum Beispiel beim Deckungnehmen: Ihr müsst euch so hinwerfen, dass eure Fersen am Boden bleiben und nicht noch einmal nach oben schnellen. Wir werden es gleich üben!" Und dann fügte er noch hinzu: „Glaubt ja nicht, dass ich euch schleifen will, ich möchte nur, dass ihr halbwegs heil über die Runden kommt! Etliche Kameraden habe ich an der Front mit durchschossenen Fersen erlebt, nur weil sie sich schlampig hingeschmissen haben!

Mit einem kaputten Fersenbein würdet ihr nie mehr richtig laufen können!"

So vernünftig hatte noch kein Ausbilder zu uns gesprochen. Wir bemühten uns, die Sache so rasch als möglich zu erlernen. Kowalski war zufrieden und brachte uns noch einige der Lebensrettung dienende Verhaltensregeln bei.

Wir merkten, dass die westliche Kampffront nicht mehr weit von uns entfernt war und langsam, aber sicher näher rückte. Geschützfeuer war zu hören, und über uns am Himmel amerikanische und englische Flugzeuge, die alle nichts Gutes im Schilde führten. Und wenn die Amerikaner einmal etwas weniger Lärm machten, da war uns, als wären von der anderen Seite, von Osten her, auch schon dumpfe Kanonenschläge zu hören. Meine Gruppe bekam den Auftrag, in ein unbebautes Gebiet westlich von Bitterfeld vorzudringen und dort eine Verteidigungslinie einzurichten. Auf gut Deutsch hieß das, jeder sollte sich ein Loch in die Erde buddeln, in dem er schlafen und essen konnte, und dieses Loch sollte möglichst auf der dem Feind abgekehrten Seite liegen; andersrum wären wir Selbstmörder gewesen! Auch sollten noch zusätzliche Schützengräben ausgehoben werden, von wo aus der Feind beobachtet und wenn nötig bekämpft werden konnte. Also Arbeit genug, um keine Langeweile zu bekommen und abends, vorausgesetzt, man war nicht zu einer Wache eingeteilt, hundemüde ins Erdbett zu fallen.

Unser Rayon sah aus, als wäre es in früheren Zeiten eine riesige Sandgrube gewesen. Steile Böschungen fielen von allen Seiten zum hügeligen Grund ab, weiter vorne querte ein Straßendamm, er teilte das Gelände in zwei Hälften und bildete gleichzeitig die Grenze zwischen Deutschland und Amerika. Mit anderen Worten, jenseits des Dammes lagen schon die Stellungen der GIs, nachts, wenn es stiller war, hörten wir ihre Stimmen. Es musste eine Art Vorhut gewesen sein, denn es blieb verhältnismäßig ruhig. Ab und zu warfen sie Handgranaten über den Damm, sie explodierten jedoch außerhalb unserer Reichweite.

Mich hatte man zum Melder auserkoren, vielleicht meiner langen Beine wegen, ich weiß es nicht mehr. In dieser verantwortungsvollen Tätigkeit musste ich auch die Verbindung zwischen dem Kompaniechef und unserer Gruppe aufrechterhalten. Der Kompaniebefehlsstand war im Keller eines leer stehenden Hauses am hinteren Ende des Geländes untergebracht. Es stand ziemlich frei in der Gegend und war weithin sichtbar. Ich hatte mich gewundert, warum sie gerade dieses Haus ausgesucht hatten, einen dümmeren Standort hätten sie meiner Meinung nach nicht finden können. Aber vielleicht war ich naiv, vielleicht hat sich der Herr Kompaniechef gesagt, wenn die Amis das Haus sehen, werden sie denken, so blöd kann doch auch ein Deutscher nicht sein, sich dort zu verschanzen; in der Folge würden sie daher dem Haus keine Beachtung mehr schenken, und wir hätten unsere Ruhe. Sein Verhalten strafte diese Theorie allerdings Lügen.

Als ich mich zum ersten Mal dem Haus näherte, knallten etliche Infanteriegeschosse gegen die Mauern, dass der Mörtel wegspritzte. Ich versuchte zum Hintereingang zu kommen, da kam auch schon der Herr Oberleutnant herausgestürzt, zog seine Pistole, legte auf mich an und brüllte wutschnaubend: „Wenn Sie noch einmal ohne Deckung zunehmen hier auftauchen, schieße ich Sie eigenhändig nieder!! Sind Sie wahnsinnig? Das Haus steht unter Feindeinsicht, ich werte es als Sabotage, wenn sich jemand ungedeckt nähert! Merken Sie sich das gefälligst!!" Der Anblick dieser angstvollen, völlig außer Kontrolle geratenen Gesichtszüge wird mir stets im Gedächtnis bleiben.

Mit einem so hysterisch unfreundlichen Empfang hatte ich nicht gerechnet! Er bestätigte mir, dass sie nicht mehr wussten, was sie tun sollten. Als ich die Geschichte dem Kowalski erzählte, lachte er: „Mach dir nix draus! Die scheißen sich an vor lauter Angst! Aber sie sind selber schuld, hätten sie sich doch ein anderes Haus ausgesucht! Ich bin bloss gespannt, ob er sich einmal hier bei uns blicken lässt!"

Als ich zu meiner ‚Behausung' trottete, traf ich auf halbem Weg meinen Kollegen Lutz Maiwald, Melder der Nachbargruppe. Es war sonnig und warm, und wir lehnten uns an die begraste Böschung zu einem Plauderstündchen. „Na, wie geht's dir?", fragte der Lutz. „Bist du erschrocken, als die Yankees heute Nacht die Brücke über den Bach, gleich bei uns nebenan, gesprengt haben?"

„Du wirst lachen", sagte ich, „ich war so müde von gestern, dass ich nicht aufgewacht bin. Kannst du dir das vorstellen? Ich hab nichts gehört und geschlafen wie ein Ratz! Als die andern mir in der Früh davon erzählten, konnte ich's kaum glauben!"

„Nein, ich werde nicht lachen darüber. Es ist nicht zum Lachen, eher zum Weinen!", antwortete Lutz.

Dann erzählte ich ihm mein Erlebnis mit dem Kompaniechef und fügte hinzu: „Ich kann schon verstehen, dass jemand vorsichtig ist, aber wenn du gesehen hättest, wie sein Gesicht verzerrt war vor Zorn und Angst! Nichts als nackte Angst!"

„Das kann m i r nicht passieren! Du wirst es vielleicht nicht glauben, aber ich hab überhaupt keine Angst. Es ist mir vollkommen wurscht, was mit mir geschieht. Ich kann ja doch nichts dran ändern!"

„Stimmt, ändern kann man nichts, aber sich deswegen unnötig in Gefahr zu begeben, finde ich auch blöd!"

Kaum hatte ich das letzte Wort ausgesprochen, knallte plötzlich ein Schuss in allernächster Nähe. Ich spürte den Luftzug am Hinterkopf und dachte, mein Trommelfell sei geplatzt. Es dauerte ein paar Schrecksekunden, bevor ich draufkam, was da passiert war: Ich hatte meinen Karabiner umgehängt gelassen, während ich an der Böschung lehnte. Dann musste ich mit der linken Hand herumgespielt und den Abzug betätigt haben. Das Gewehr war ungesichert! Als wir das kapiert hatten, wurden wir erst richtig blass. Der Lutz sagte: „Mensch, hast du aber jetzt Schwein gehabt, du hättest dich selber erschießen können!"

„Ich weiß, es war sauknapp", stotterte ich, „aber schau, das Ende des Laufs ist doch ziemlich weit oben und neben dem Kopf, die Kugel m u s s t e vorbeipfeifen! Etwas anderes wäre es gewesen, wenn ich einen Stahlhelm aufgehabt hätte!"

Ich brauchte eine Zeit lang, bis ich den Schreck überwunden hatte. Warum die Flinte ungesichert war, konnte ich nie ergründen, umso mehr, als ich grundsätzlich bemüht war, vorsichtig zu sein. Ein derartiges Erlebnis hat man nur einmal im Leben! Man lehnt auch nicht alle Tage mit einem ungesicherten Gewehr an einer Böschung!

Die Nächte waren noch recht kühl, aber tagsüber spürte man schon die wärmende Kraft der Sonne. Ein paar Tage später erhielten wir den Befehl, unsere Stellung zu verlassen und ein paar Kilometer weiter einen Angriff auf ein Dorf zu unternehmen, in welchem sich schon amerikanische Panzer und Fußtruppen befanden. Durch ein Wäldchen, das sich vor dem Ort befand, pirschten wir uns an. Links von uns führte eine Straße direkt ins Dorf. Bald waren wir am Waldrand, bis zu den ersten Häusern gab es etwa sechzig Meter freies Feld.

Wir lagen zu dritt im Straßengraben in guter Deckung. Im Dorf hörten wir die amerikanischen Panzer hin und her rumpeln, teilweise konnten sie sogar sehen, kamen aber nicht dahinter, war sie mit dem Herumfahren bezweckten.

Wir warteten auf den Angriffsbefehl. Plötzlich hörten wir Motorgeräusche; ein VW-Kübelwagen näherte sich von unserer Seite und hielt zügig auf das Dorf zu. Ich sprang auf die Straße und gab das Zeichen zum Anhalten. Der Wagen hielt an, die Insassen sprangen heraus, drei hohe Offiziere zeigten sich in hohem Maße ungehalten, dass ein gewöhnlicher Soldat es wagte, sie anzuhalten. Ich machte Meldung (so hieß es damals), dass sie nicht weiterfahren könnten, da sich im Dorf bereits amerikanische Truppen befänden. Sie steckten die Köpfe zusammen, berieten sich kurz, sprangen wieder ins Auto, der Fahrer wendete, und weg waren sie, ohne auch nur ein Wort zu sagen.

„Sie wollten sicher abhauen!", sagte Unteroffizier Kowalsky, als ich ihm mein Erlebnis schilderte. „Sie haben auch genau gewusst, dass das Dorf schon besetzt ist. Da hast du ihnen aber einen Strich durch die Rechnung gemacht! Sie werden keine Freude gehabt haben, dich zu sehen! Ich könnte wetten, sie wollten abhauen und haben eine weiße Fahne unter dem Sitz versteckt gehabt!" Seine Stimme war wohlgefüllt mit Ironie und Schadenfreude.

Dann kam das Kommando zum Angriff. Zuerst schossen wir wie verrückt in Feindrichtung und dann rannten wir los, im Zickzack, von allen Seiten pfiffen uns die Kugeln um die Ohren und ich glaubte, die paar zig Meter seien endlos. Atemlos ließ ich mich vor dem ersten Haus fallen. Ich schaute mich um, komisch, ich sah keinen meiner Freunde, nur fremde Gesichter. Wahrscheinlich sind sie weiter nach rechts gelaufen, dachte ich, und beschloss, zunächst einmal bei der fremden Gruppe zu bleiben. Diese unternahm gerade den Versuch, entlang der Häuser in den Ort einzudringen. Und da waren sie wieder, die Panzer, kamen bedrohlich näher und feuerten aus allen Rohren. Das, was wir hier ausführen sollten, war ein Himmelfahrtskommando! Die Hausmauern bekamen Löcher von den Einschlägen und der Dreck spritzte auf unsere Köpfe. Schließlich gab der fremde Feldwebel den Befehl zum

Rückzug. Alle Soldaten, bis auf einen Wachposten, sollten in den Keller hinunterlaufen und dort warten, bis sich die Lage beruhigt habe. Beruhigt? dachte ich, w a s kann sich in einer solchen Situation noch beruhigen? Nichts! Es kann nur schlimmer werden!

Im Keller saßen schon die Bewohner des Hauses, zitternd vor Angst. Es war eine schlimme Situation. Draußen krachten die Granateinschläge, das Haus bebte, ein einziger Volltreffer hätte genügt, uns alle ins Jenseits zu befördern. Aber wir hatten Glück. Der Feldwebel sah sich mit seiner Gruppe in einer Zwickmühle. Weiter vorwärts ging es nicht, außer er riskierte das Leben seiner Leute, und für einen Rückzug war es noch zu früh. Also blieben sie in dem finsteren, relativ sicheren Keller. Der Wachtposten wurde in kurzen Abständen gewechselt, jeder der Gruppe kam an die Reihe, nur ich als Fremder nicht. Ich fand es den anderen Soldaten gegenüber unfair, als Einziger unten bleiben zu können, und meldete mich beim Feldwebel. Er sah mich erstaunt an, dass sich da einer freiwillig zur Wache meldete, damit schien er nicht gerechnet zu haben.

Draußen war die Hölle los, es gab Artilleriebeschuss, die meisten Salven aber krachten auf die Wiese und in den Wald, von dem aus wir den Angriff gestartet hatten. Ich stand an der Ecke des Hauses, beobachtete die Straße in Richtung Ortsmitte und versuchte, in dem Geknalle die Abschüsse der Geschütze zu hören, um mich rechtzeitig in Deckung werfen zu können. Mehrmals waren die Einschläge jedoch so direkt, dass die Abschüsse vorher nicht zu orten waren. Da war das

Heranheulen der Geschosse fast identisch mit den Explosionen und zu spät, um reagieren zu können. Der Luftdruck schleuderte mich mehrmals gegen die Hauswand. Ein echtes Wunder, das schadlos überstanden zu haben. Als ich abgelöst wurde und hinunterkam in den Keller, hörte ich die erregte Stimme des Hausherren, der sich bitter beschwerte, dass ihn einer der Soldaten bestohlen habe, es handelte sich um Lebensmittel. Ich fand es unglaublich gemein, diese Leute hatten kaum selber etwas zu essen und wurden von den eigenen Soldaten bestohlen!

Es dauerte Stunden, bis das Geschützfeuer nachließ. Endlich tauchten einige meiner Freunde auf, an der Spitze Theo, der erleichtert aufatmete, als er mich lebend sah. Sechs Soldaten, darunter der arme Lutto, hatten weniger Glück, sie fielen beim Sturm auf das Dorf, getroffen von amerikanischen Scharfschützen mitten in die Stirne; sie starben genauso sinnlos wie alle anderen.

Ich meldete mich bei Unteroffizier Kowalski zurück. Es war höchste Zeit, denn er hatte, die Aussichtslosigkeit unserer Situation einsehend, beschlossen, wieder dorthin zurückzugehen, wo wir hergekommen waren, vorausgesetzt, es war noch möglich. Jeder von uns hatte noch ein paar Schuss Munition fürs Gewehr, das war alles. Das Infanteriegeschütz, das einzige der Kompanie, stand längst irgendwo in der Gegend herum, unbrauchbar, da ohne Munition. Am Beginn der Kämpfe waren noch vierzig Granaten da gewesen. Man kann sich vorstellen, wie lange die gereicht haben! Wie sollten wir gegen die Übermacht der Amerikaner ankämpfen? Sie brauchten ihre Soldaten gar nicht in Gefahr zu bringen, zuerst schoss ihre Artillerie, bis kein Stein mehr auf dem anderen war, gleichzeitig griffen Flugzeuge an, dann rollten die Panzer vor, und erst ganz zum Schluss kam die Infanterie.

Im Grunde genommen waren wir ganz auf uns gestellt, denn als ich zum Kompaniegefechtsstand zurückkam, um Meldung zu erstatten, war das mittlerweile beschädigte Haus leer. Der ‚Held von Bitterfeld‘ hatte sich mit seinem Stab abgesetzt, wohin, das wusste niemand.

Während wir überlegten, was jetzt für uns das Beste wäre, kamen zwei Lightnings herangeflogen. Mir hatten diese englischen Doppelrumpfflugzeuge schon immer gut gefallen, weil sie so elegant aussahen. Schon wollten wir uns irgendwohin verkriechen, aber sie hatten andere Ziele. Nicht weit weg von uns setzten sie zum Sturzflug an, klinkten je eine Bombe aus, zogen wieder hoch und schwebten davon. Wir hatten fast den Eindruck, einem Übungsflug beizuwohnen. Die zwei Bomben entschwanden unseren Blicken, und dann gab es eine Explosion, die gigantisch war. Sofort stieg eine riesige schwarze Wolke zum Himmel und verdunkelte die Sonne. Immer höher und weiter stieg sie in die Atmosphäre, es sah aus wie ein Vulkanausbruch, und der Sonnentag wurde zu einem Dämmertag. Auf diese Weise löste sich ein Teil der in Bitterfeld beheimateten AGFA-Werke in schwarzen Rauch auf. Eigentlich sehr dumm von den Alliierten, hier noch viel zu zerstören. Längst hatten sie untereinander vereinbart, sich große Industriewerke, wie beispielsweise

AGFA, nach der Kapitulation als Reparationsgut einzuverleiben. Alles, was sie jetzt noch zerstörten, war im Grunde schon ihr Eigentum.

Nichts gab es mehr, das uns hätte zuversichtlich stimmen können. Wir fühlten uns wie Hasen bei einer Treibjagd.

Jetzt war sonnenklar, dass das Ende des Krieges nur noch eine Frage von ein paar Tagen sein konnte.

Kowalski sagte: „Ja, Freunde, das war's dann wohl! Wir müssen jetzt versuchen, möglichst schadlos aus dem Dilemma herauszukommen. Ich schlage vor, wir ziehen uns in die ‚Schlafgemächer' zurück und versuchen, ein bisschen zu schlafen. Viel wird bei dem Lärm ringsum nicht zu machen sein, aber man muss sich mit dem abfinden, das zur Verfügung steht, und wir brauchen ein bisschen Ruhe; und morgen früh geht es ab, aber in die andere Richtung!"

Ich hatte nicht viel geschlafen, die Nacht war kühl und das Erdloch wie immer unbequem. Die schwarze Wolke verbreitete Chemiegestank, auch gab es immer wieder Störfeuer von Seiten der Amerikaner. Stets aufs Neue musste ich an die Eltern und die Brüder denken. Ob sie noch in Seitendorf waren? Ob mein Vater immer noch in den Karpaten war? Nein, das konnte nicht sein, jetzt mussten ja schon die Russen dort sein! Hatten sie ihn gefangen genommen, oder konnte er entkommen, so wie es mir gelungen war? Ich hatte schon wochenlang keine Post bekommen, wie alles andere funktionierte auch die Feldpost nicht mehr.

Am nächsten Morgen gesellte sich ein fremder Landser zu uns. Er sei von seiner Truppe getrennt worden, erzählte er, und habe in diesem Chaos keine Ahnung, wo er sie suchen solle. Er hieß Kurt Ahne, stammte aus Dresden und war mindestens doppelt so alt wie wir.

Mit dem Tagesanbruch begann auch wieder die Angriffstätigkeit der Amerikaner. Sie verstärkten das Artilleriefeuer, und die Einschläge rückten immer näher. Es war an der Zeit, von hier wegzuziehen, aber wohin? Kowalski meinte, es wäre besser, wenn wir uns nach Bitterfeld absetzten; innerhalb der Stadt gäbe es mehr Möglichkeiten, sich vor feindlichen Aktivitäten zu schützen.

Jede Deckung ausnützend, verließen wir das Gelände. Überall gab es Mulden und Senken, die uns Schutz boten. Gegen Mittag suchten wir ein halbwegs bequemes Plätzchen, wo wir ungestört essen konnten. Auf einmal ein Schrei des Entsetzens vom Theo: „Wo sind unsere Vorräte??" Einer schaute den anderen an, aber niemand konnte diese wichtige Frage beantworten. Die Vorräte bestanden aus ein paar Kommissbroten und Konserven, die in eine alte Decke gewickelt waren. Das Paket lag über Nacht in einem der Erdlöcher und dort musste es liegen geblieben sein, keiner hatte in der Aufregung daran gedacht. Kowalski sagte zu mir: „Es, hilft nichts, einer muss wieder zurück und die Sachen holen! Willst du's versuchen, Hermann? Ich sage ausdrücklich versuchen! Wenn es gar zu brenzlig wird, dann lass es sein und komm zurück, es wäre ein Unsinn, das Leben wegen ein paar Konserven zu riskieren!" Ich legte alles ab, was mich behindern konnte,

136

und rannte los. Anfangs kam ich schnell vorwärts, das Sperrfeuer konzentrierte sich auf die Fläche links von mir, etwa fünfzig Meter entfernt. Aber es kam näher, schneller als mir lieb war, und auf einmal war ich mittendrin. Rundherum knallte und krachte es und die Erdbrocken flogen mir auf den Kopf. Eine kurze Pause nur, dann rannte ich weiter. Den Granaten war ich fürs Erste entkommen und ich war sicher, den Auftrag ausführen zu können. Aber dann näherte ich mich meinem Ziel, und als ich den letzten Erdwall überspringen wollte, da knatterte mir reges Gewehrfeuer entgegen, dass ich sofort wieder zu Boden ging. Nach einer Minute hob ich den Kopf, um zu sehen, woher das Feuer kam. Ich konnte nichts sehen, stattdessen pfiffen mir erneut die Kugeln um die Ohren. Jetzt liegen sie in ihren Löchern, dachte ich, und warten, bis mein Kopf wieder auftaucht, ich versuch's an einer anderen Stelle noch einmal. Also, zehn Meter weiter nach rechts gerobbt, gewartet und wieder den Kopf gehoben, und wieder wütendes Geschieße, dass kleine Erdfontänen rundherum aufspritzten. Was sollte ich noch tun? Den Stahlhelm hatte ich zurückgelassen, um ihn nicht schleppen zu müssen; ihn hätte ich zu einem Täuschungsversuch an meinen Gegnern verwenden können. Einfach auf einen Stock oder Ast gesteckt und über den Trichterrand gehoben, und dann an einer anderen Stelle blitzschnell weitergelaufen.

Ich wollte noch nicht aufgeben, also blieb ich liegen. Eine Viertelstunde, eine halbe oder ganze Stunde? Ich wusste es nicht. Und immer wieder dieselbe Situation: Kopf hoch, Beschuss, Kopf runter, Nachlassen des Geknatters. Ob sie jetzt Wetten abschließen darüber, wann und wo ich wieder auftauche? Wäre doch ein netter Zeitvertreib! Ich beschloss, den Rückzug anzutreten. Lieber eine Minute feig, als das ganze Leben tot! Ich war nicht so tapfer wie der deutsche Soldat, den ich von meinem Platz aus eine Minute lang beobachten konnte. Er trug das Gewehr in der linken Hand und trottete zurück, ohne sich um das Einschlagen der Geschosse um ihn herum zu kümmern; ich habe ihm gewünscht, diesem Zielschießen lebend zu entkommen. Fast an der selben Stelle wie beim Hinlaufen erwischte mich die Artillerie erneut, wieder war ich mitten in einer Salve, und wieder wäre ich gerne eine Maus gewesen, die sich tief in der Erde verkriechen kann. Meinem Schutzengel sei Dank, er hatte alle Hände voll zu tun, mich zu behüten!

Ich kam also mit leeren Händen zurück, aber niemand war böse, im Gegenteil, alle schienen erleichtert, mich lebend wiederzusehen. Es stellte sich heraus, dass jeder noch einen kleinen Vorrat an Essbarem besaß, der uns vor dem ärgsten Hunger bewahrte. Schlimmer war der Durst, denn trinkbares Wasser fanden wir nirgends; waschen konnten wir uns schon tagelang nicht mehr, in derselben Zeit kamen wir aus unseren Uniformen nicht heraus und jeder war von einer dicken Schmutzschichte bedeckt, vom Gestank, den wir verbreiteten, will ich gar nicht reden. Langsam näherten wir uns dem Rand Bitterfelds. Das Umfeld war von abgrundtiefer Hässlichkeit. Halb verfallene Magazine, abgewohnte Häuser, bröckelnde Fassaden, stillgelegte Geleise eines Verschubbahnhofes, verrostete Autowracks, nirgends auch nur die Spur von etwas Sehenswertem, und dann, jenseits der Geleise, ein verkommenes Barackenlager, hinter hohem Stacheldraht. Geschützdonner aus der Ferne. Wir bewegen uns entlang des Stacheldrahtzaunes. Die Insassen, kahl geschorene, zerlumpte Gestalten, stehen am Zaun aufgereiht, still, mit ausdruckslosen Mienen, sie starren uns an, folgen jedem unserer Schritte mit den Augen, aber es ist kein Triumph zu sehen, obwohl sie wissen mussten, wie es um den Krieg stand. Eine gespenstische Szenerie, ich denke, wer hat jetzt mehr Angst, sie hinter dem Zaun oder wir davor? Und nirgends ist ein Wachtposten zu sehen, nur die stumpfen Gesichter der Gefangenen. Ein Defilee der Geschlagenen!

Am Ende des Zaunes dann erleichtertes Aufatmen.

„Das war aber jetzt überhaupt nicht lustig", sagte Kowalski, „was können das für Leute sein?"

„Ich weiß es auch nicht", sagte ich nachdenklich, „Konzentrationslager kann's keines sein! Die sind nie so nahe bei Wohngebieten, außerdem ist da nur ein einfacher Zaun, und Bewacher waren auch keine zu sehen."

„Die sind sicher schon getürmt!"

„Das glaube ich nicht, vielleicht sind sie auf der anderen Seite! Wenn sie schon weg wären, würden sich die Gefangenen anders verhalten."

„Was sind das dann für Leute, wenn es kein KZ ist?", fragte Theo.

„Ich denke, es sind Zwangsarbeiter, die hier im Industriegebiet eingesetzt waren. Sie warten auf ihre

Befreier und wissen, dass es sich nur um ein, zwei Tage handeln kann."

„Hoffentlich wissen die Amis, dass sich hier ein Lager befindet, stellt euch vor, sie schießen einfach drauflos, wie wir es erlebt haben, und treffen diese armen Teufel! Da möchte ich nicht dabei sein!", meinte Kurt.

Kowalski legte den Sicherungsbügel seines Gewehres um. Er war der Einzige, der mit entsichertem Gewehr an den Gefangenen vorübergegangen war.

„Hättest du im Ernstfall auf sie geschossen?", fragte Kurt und setzte hinzu: „Ich glaube, i c h hätte es nicht fertiggebracht, auf jemanden zu schießen, der unbewaffnet ist!"

„Ich habe in Russland viele Nahkämpfe erlebt, wo es darum ging, wer der Schnellere war, denn nur er konnte überleben. Nachdem ich noch lebe, war ich immer der Schnellere! Aber hier ist es etwas ganz anderes! Nein, ich hätte auf diese armen Hunde nicht schießen können!"

„Warum hattest du dann dein Gewehr entsichert?"

„Es war reine Gewohnheit. Ich habe nicht darüber nachgedacht. Nein, ich bin sicher, dass ich nicht geschossen hätte, schon allein deswegen, um diesen jungen Burschen solche Dinge zu ersparen!" Und er schaute jeden von uns nachdenklich an.

Wir gingen weiter, unschlüssig wohin, einfach in die erste beste Straße hinein, in der Hoffnung, einen Ortskundigen zu treffen, der uns möglicherweise eine Militärdienststelle oder eine Sammelstelle für ‚herrenlose Landser' nennen konnte. Noch hatte uns niemand entlassen, noch waren wir Angehörige der

Deutschen Wehrmacht, auch wenn wir von unserem Kompaniechef schmählich im Stich gelassen worden waren! Theoretisch konnte im nächsten Augenblick eine Militärstreife um die Ecke biegen und uns als mutmaßliche Deserteure verhaften. In diesem Niemandsland war alles möglich.

Doch alle Straßen waren menschenleer, gespenstisch leer, keine Menschenseele war zu sehen, auch in den Fenstern nicht. Kowalski klopfte an eine Haustür, es dauerte ein paar Minuten, bis zwei Frauen vorsichtig öffneten, zuerst nur einen kleinen Spalte, dann, als sie sahen, dass von uns keine Gefahr drohte, ließen sie uns ein. Kowalski fragte, ob wir Wasser haben könnten, wir hatten zwei oder drei Tage nichts mehr getrunken und waren halb verdurstet.

„Kommt runter in den Keller, alle Hausbewohner sind dort versammelt, niemand weiß, was geschieht, unten ist es noch am sichersten! Wir haben auch Wasser unten!" Es war wie im Paradies in diesem Keller! Es m u s s t e uns so vorkommen, nach all diesen Wochen im Dreck! Wie Kühe ließen wir uns mit Wasser volllaufen, dann sagte Kowalski: „Wenn wir alle hier unten sitzen, wissen wir nicht, was oben passiert! Wir müssen eine Wache hinausstellen, Hermann und Ahne, ihr macht den Anfang, stellt euch an der Straßenecke auf, da seid ihr halbwegs gut gedeckt, wir lösen euch in einer halben Stunde ab!"

Nach einer kurzen Verschnaufpause gingen wir wieder hinauf. Noch immer war kein Mensch zu sehen, nur das Krachen der Artillerieeinschläge war jetzt um einiges näher gekommen und deutlicher zu hören. Es war ja auch niemand mehr da, der die Amis hätte aufhalten können.

Kurt stand an der Ecke und zündete sich eine Zigarette an; ich hatte mich niedergekauert, weil ich müde war.

„Der Kowalski scheint ein ganz toller Kerl zu sein", sagte Kurt nach einer Weile, „alles, was er anpackt, hat Hand und Fuß! Und er ist kein sturer Kommissknopf!"

„Ja, da hast du recht! Er glaubt auch, irgendwie für uns verantwortlich zu sein!"

„Seid ihr schon lange mit ihm beisammen?"

„Nein, nicht sehr lange, er wurde uns zugeteilt, als es in den Fronteinsatz ging!"

„Da könnt ihr aber froh sein!", sagte Kurt und sog an seiner Zigarette.

„Sind wir auch! Manchmal denke ich, er fühlt sich ein bisschen als unser Vater, und es macht ihm Spaß, auf einmal so viele Söhne zu haben!"

„Was ist er denn für ein Landsmann?"

„Er kommt aus Schlesien. Und wo kommst du her?", fragte ich.

„Direkt aus Dresden, hört man das nicht?"

„Schon, aber ihr Sachsen redet doch alle gleich! Aber sag, es muss doch fürchterlich für dich gewesen sein, als du von den Bombardierungen im Februar gehört hast! Wir sind damals im Norden vorbeimarschiert, als es passierte!"

„Ja, es war schlimm. Aber ich wusste bald, dass meine Familie mit dem Leben davongekommen war, wir leben in einem Vorort jenseits der Elbe, auch blieb unser Haus unversehrt!"

„Da kann man dir nur gratulieren!", sagte ich und wollte noch etwas hinzufügen, aber dazu kam ich nicht mehr, denn plötzlich knallte eine Granatensalve in die Straßenkreuzung, in der wir standen, es waren Schrapnells, die ein paar Meter über dem Erdboden explodierten. Ich schaute an mir hinunter und sah, dass mein rechter Oberschenkel aufgeschlitzt war, die Wunde klaffte weit auf und man sah deutlich die Muskelstränge, aber es blutete überhaupt nicht! Im selben Augenblick stieß Kurt einen Seufzer aus und fiel wie ein Mehlsack auf mich drauf. Ich dachte, er sei tot, aber er war gottlob nur ohnmächtig. Er hatte, wie sich später herausstellte, eine Menge Splitter, hauptsächlich in die Beine, abgekriegt.

Ich rappelte mich auf und wollte instinktiv zum Eingang des Hauses laufen, aber nach ein paar Schritten brach ich zusammen. Da waren auch schon Kowalski und Theo da und wollten mich aufheben. „Nein, nehmt ihn zuerst, hoffentlich ist er nicht tot!", rief ich. Sie schafften es, uns gleichzeitig in den Keller zu befördern.

Ich war wie betäubt, der Knall der Explosion dröhnte in meinen Ohren. Kowalski zauberte ein Päckchen Verbandmull herbei und begann, die Wunde vorsichtig zu verbinden. „Mensch, Hermann!", rief er, „das ist doch vielleicht eine Scheiße, ich hab geglaubt, euch heil durchzubringen, und jetzt d a s !"

„Mach dir keine Vorwürfe", sagte ich, „alles, was du getan hast, war richtig!"

Und dann kam mir zu Bewusstsein, dass wir uns bald trennen mussten, sie konnten ja nicht bei mir bleiben und ich nicht bei ihnen! Dieses Mal musste mein Schutzengel gerade weggeschaut haben, als es knallte, oder doch nicht??

Die Hausbewohner berieten, wie sie uns weiterhelfen konnten. Es war sicher, dass wir beide so rasch als möglich ärztliche Hilfe brauchten. Wie sie es schafften, weiß ich nicht, aber es dauerte keine halbe Stunde, und da stand ein kleiner Lieferwagen vor der Tür, so einer mit nur drei Rädern und einer offenen Pritsche. Nun ging es ans Abschiednehmen. Kowalski fuhr mit der Hand über meinen Kopf und sagte: „Mach's gut, Hermann, für dich und Ahne ist auf alle Fälle der Krieg vorbei, wie's mit uns weitergeht, weiß nur der liebe Gott! Leb wohl!"

Wieder ein Abschied ohne Wiederkehr, dachte ich, in diesem Chaos wusste doch niemand, ob er die nächste Stunde überleben würde! Als Theo an der Reihe war, Abschied zu nehmen, war es besonders arg. Ich sagte: „Theo, gib gut acht auf dich, und bewahre unseren Stadtplan, vielleicht wird die Stadt irgendwann irgendwo gebaut, soll sie Wihanstadt oder Hermannstadt heißen? Denk darüber nach!"

Dann hoben sie Kurt und mich auf die Ladefläche. Es wurde eine Höllenfahrt, Kurt stöhnte vor Schmerzen, als das ungefederte Auto übers Pflaster hüpfte, und mir ging es nicht viel besser.

Sie brachten uns in ein Spital zur Erstversorgung. Als sie mich auf den Operationstisch legten, der vor

Sauberkeit blitzte, und mir als Erstes das zerfetzte Hosenbein abschnitten, sah ich erst so richtig, wie unsagbar verdreckt ich war, und ich schämte mich in Grund und Boden.

„Was ist los mit Ihnen?", fragte der Arzt. „Haben Sie Schmerzen?"

„Ja, das auch, aber es ist mir peinlich, dass ich wie ein Dreckschwein daliege!", sagte ich, und alle lachten trotz der ernsten Situation.

„Da brauchen Sie sich nicht zu genieren", meinte der Arzt, „keiner kommt hier sauber herein! Alle sind dreckig, aber die wenigsten genieren sich deswegen!"

Sie legten mir einen Verband an, und nachdem auch Kurt versorgt war, brachten sie uns ins nächste Reservelazarett, dieses Mal mit einem Rettungsauto.

Das alles geschah am zwanzigsten April neunzehnhundertfünfundvierzig, dem sechsundfünfzigsten Geburtstag Hitlers; für mich ein elender Gedenktag an jemanden, der den Tod von Millionen Menschen auf dem Gewissen hatte.

Fünf Tage später, am fünfundzwanzigsten April, treffen die Alliierten Soldaten in Torgau mit ihren russischen Kollegen zusammen; noch reichen sie sich siegestrunken die Hände. Doch diesem Nahverhältnis zwischen Ost und West war kein langes Leben beschieden.

Bitterfeld liegt etwa fünfundsechzig Kilometer westlich von Torgau. Um diesen letzten Streifen des Großdeutschen Reiches zu erobern, hatten die Amerikaner genau vier Tage gebraucht!

Weitere fünf Tage später, am dreißigsten April, begeht Hitler in Berlin Selbstmord.

Die Kapitulationsurkunden wurden in der Zeit vom siebenten bis zum neunten Mai von Siegern und Besiegten unterzeichnet. Damit war dem mörderischsten aller Kriege ein Ende gesetzt ...

II.

NACHKRIEGSTAGE

Die Begegnung

Das Lazarett war bis auf den letzten Platz belegt mit mehr oder weniger schwer verletzten Soldaten. Man hatte Kurt und mir zwei nebeneinander stehende Betten, die letzten freien in diesem Saal, zugewiesen, und so waren wir mit unseren Schmerzen vereint. Ich hatte Gelegenheit, mich ein bisschen zu waschen, das Gröbste sozusagen, denn ich hatte so viel Dreck auf mir, dass einmal waschen einfach zu wenig war. Mein rechtes Bein hatte man geschient und ruhiggestellt.

Von draußen war immer noch Kampfeslärm zu hören, auch Einschläge von Granaten, einmal weiter weg, dann wieder ganz nah. Man hatte mir eine Beruhigungspille gegeben und ich vernahm die Geräusche wie durch einen Wattepolster. Mir war, als hätte ich mich von allem entfernt und die Sache ginge mich nichts mehr an. Auch musste ich mich erst mit der neuen Situation zurechtfinden, dass für mich jetzt der Krieg endgültig vorbei war, so wie Kowalski es vorhergesagt hatte.

Während der Nacht rollte die Front über uns hinweg, wie ein Ungewitter mit Donnerkrachen, das sich gelegentlich im Kreis dreht und dann weiterzieht. Nur die Blitze konnte ich nicht sehen, denn man hatte die Fensterläden geschlossen, sie zitterten und bebten im Takt der Einschläge. Ob Kowalski mit unseren Leuten noch in der Nähe war?

Im Morgengrauen war die Schießerei endgültig vorbei, und mit der Ruhe tauchten die ersten amerikanischen Soldaten auf. Behängt mit Maschinenpistolen, Gewehren, Handgranaten und Patronengurten standen sie plötzlich in der Tür und schauten von einem Bett zum anderen. Einer schob seinen Kaugummi von der rechten Mundhälfte in die linke und rief: „SS?" und wiederholte seine Frage mehrmals: „SS?" „SS?"

Und dann kam die Suche nach dem untrüglichsten Zeichen für die Mitgliedschaft in dieser verbrecherischen Institution, der eintätowierten Kennziffer.

Jeder von uns musste den linken Arm heben und sie schauten, ob einer das SS-Brandmal habe. Es war keiner dabei.

Dann kam ein amerikanischer Militärarzt, der s e i n e Sorge äußerte: Waren im Lazarett die hygienischen Verhältnisse ausreichend?

Von Seiten der Amis waren es begründete Sorgen. Die SS war a priori eine verbrecherische Organisation. Ihre Mitglieder waren zu Grausamkeiten, Mord und Totschlag angehalten. Hier fällt es schwer, von einer Kollektivschuld abzurücken, andererseits waren nicht alle SS-Leute freiwillig dabei. Sollte man nicht auch in diesem Fall differenzieren?

Mit der ‚Eroberung' unseres Lazaretts durch die Amerikaner waren wir ohne große Probleme von deutschen Soldaten zu amerikanischen Kriegsgefangenen mutiert. Ab sofort unterstanden wir den Bestimmungen des Internationalen Roten Kreuzes.

Die medizinische Betreuung erfolgte auch weiterhin durch deutsche Militärärzte, allerdings unter der Ägide eines amerikanischen Oberarztes.

Die Versorgung der Verwundeten lag in den Händen von Krankenschwestern, die zuweilen von Zivilhelfern unterstützt wurden. Einer war ganz besonders nett und aufmerksam, er rückte das Bettzeug zurecht, klopfte Polster auf, räumte schmutziges Geschirr weg, half, wenn sich einer aufrichten wollte; mit einem Wort, er machte sich nützlich, wo es nötig war. Stets hatte er ein freundliches Lächeln auf den Lippen, aber sprechen konnte er mit niemandem, weil er ein Italiener und der deutschen Sprache nicht mächtig war.

Am nächsten Morgen war er verschwunden, und mit ihm eine Menge von Dingen, die einige Soldaten in ihren Rucksäcken aufbewahrt hatten. Mir fehlten fast alle Sachen, die ich von zuhause mitgenommen hatte und die mir sehr viel bedeuteten. Ihre Existenz war mir Hilfe und wohltuende Erinnerung an die Heimat, besonders dann, wenn es mir besonders dreckig ging. Ein Paar Lederhandschuhe liebte ich besonders, sie waren nicht nur warm gefüttert, sie strömten auch einen Duft von Leder und Lavendel und eleganter Welt aus. Auch hatte ich eine Armbanduhr, rechteckig, mit römischen Ziffern und mattgoldenem Zifferblatt. Viele würden gesagt haben, sie sei hässlich, doch für mich war sie die schönste der Welt. Dann waren da noch ein Drehbleistift, ein versilbertes Zigarettenetui, ein kleiner Geldbetrag und etliche Dinge, an die ich mich nicht mehr erinnere. Es war meine erste Konfrontation mit dem Bösen und Gemeinen! Unter dem Deckmantel von Freundlichkeit und Hilfsbereitschaft hatte der Kerl mehrere Kameraden um ihr Eigentum gebracht, angesichts der Hilflosigkeit der Verwundeten eine Gemeinheit der besonderen Art! Ein Schlag, der mich in dieser an sich schon prekären Lebenslage besonders schwer erschütterte. Aber es war nicht der schwerste Schlag, den das Schicksal für mich bereithielt; es folgten etliche schlimme Brocken!

Einige Tage später wurden jene Verwundeten, die eine intensivere Therapie brauchten, in ein größeres Lazarett nach Halle an der Saale verlegt. Es lag in der Nähe des öffentlichen Krankenhauses, in dem wir bei Bedarf behandelt werden konnten. Kurt und ich kamen uns wieder ein Stück näher, räumlich meine ich, nun lagen wir Bett an Bett nebeneinander. Es sollte nicht das letzte Mal sein. Drüben, im zweiten Saal waren die am schwersten Verwundeten untergebracht. Der Eitergestank drang bis zu uns herüber, sobald jemand durch die Tür schritt. Da lagen und hockten jene, die der Krieg so misshandelt hatte, dass es für manche besser gewesen wäre, den Tod zu erleiden. Was fängt einer an, der erblindet ist und dem beide Hände weggeschossen wurden? Was macht einer, dem das rechte Bein und der rechte Arm fehlten? Einen Leutnant sah ich, der blind war und keine Beine mehr hatte! Da hilft kein Trösten und kein Beten. Es war einfach furchtbar. Dagegen waren meine Blessuren geradezu harmlose Kratzer.

Meine Behandlung war einfach, beinahe zu einfach, wie mir schien. Ich hatte erwartet, dass die mindestens zehn Zentimeter breite, relativ große Wunde genäht werde, aber nichts dergleichen geschah. Stattdessen wurde die stark granulierende Wunde mit Marfanil-Prontalbin, einem Sulfonamidpulver, behandelt. Antibiotika gab es damals noch nicht. Später verwendete man Pellidolsalbe. Jeden Tag kam der Arzt, hob mit Daumen und Zeigefinger die Hautränder in die Höhe und wischte mit einem Tupfer den Eiter aus den hintersten Winkeln der Wunde. Diese Momente gehörten nicht zu den angenehmen meines Lebens, es tat scheußlich weh und ich musste mich stets am Bettrand festhalten. Als die Granulation aufhörte, bestrich man die Wundränder täglich mit Zinksalbe und legte einen in eine Kochsalzlösung getauchten Tampon darauf. Von einem Tag auf den anderen konnte man sehen, wie sich die Wunde zusammenzog. Ein kleines Wunder, erreicht mit minimalem Aufwand; dennoch dauerte die Heilung fast vier Monate.

Wenn ich es so recht bedenke, gemessen an den furchtbaren Verwundungen anderer Soldaten, glaube ich nach Abwägung aller Fakten, mein Schutzengel habe, als die Granaten explodierten, nur ein ganz klein wenig beiseite geschaut, eine winzige Unachtsamkeit nur, dann aber sofort wieder seine schützende Hand über mich gebreitet! Der Splitter, der mich getroffen hatte, wäre er nur zwei, drei Zentimeter höher oder tiefer dahergekommen, hätte verheerende Verletzungen verursachen können.

Irgendwann entdeckte ich, dass in meinem linken Oberarm, etwa in der Mitte des Bizeps, ein erbsengroßer Granatsplitter steckte. Der Arzt sagte, man sollte nur dann etwas dagegen tun, wenn der Splitter beginne, im Körper herumzuwandern. Er blieb eine Zeit lang am selben Platz, fing aber nach ein paar Jahren an, sich in Richtung Ellbogengelenk zu bewegen. Unten angekommen schien er es sich überlegt zu haben, er marschierte wieder bergauf, ungefähr bis zu seinem ursprünglichen Platz, und dort sitzt er jetzt schon mindestens seit dreißig Jahren.

Der Kurt hatte es nicht so leicht mit seinen Splittern; einige waren so groß, dass sie herausoperiert werden mussten, im rechten Bein war ein Knochen angeknackst und sie verpassten ihm einen Gipsverband, der ihm, als die Sommerhitze kam, große Juckbeschwerden verursachte, nicht nur der Wärme wegen, sondern weil seine Läuse, die sich normalerweise in der Unterwäsche aufhielten, draufkamen, dass sie unter dem Gips viel ungestörter beißen und Blut saugen konnten. Mit einem dünnen Holzstäbchen versuchte er, der Plage Herr zu werden, aber der Erfolg war eher dürftig.

Kurt hatte im Hallenser Lazarett einen Landsmann getroffen. Sie kannten einander nicht von früher, hatten aber eine gemeinsame Vergangenheit, die weit in die Vorkriegszeit zurückging. Sie waren beide Mitglieder der Kommunistischen Partei, zuerst legal, und nach Hitlers Machtergreifung zwangsläufig illegal. Ich staunte, wie ihre Augen zu leuchten begannen, als sie von dieser Zeit erzählten.

„Ja, das war eine herrliche Zeit!", schwärmte Kurt, und sein Freund Ernst pflichtete ihm bei. (Nein, nicht Freund, sondern Genosse wäre richtiger.)

Ich konnte nicht mitreden, denn ich kannte Kommunismus und Bolschewismus nur von der Nazipropaganda, und die bestand aus endlosen Hasstiraden und Beschimpfungen. „Kannst du mir erklären, warum das so eine schöne Zeit war?", fragte ich. „Aus dem Geschichtsunterricht weiß ich, dass die Zwanzigerjahre eher eine schlimme Zeit waren, in welcher es den Menschen schlecht ging, mit Hunger und Arbeitslosigkeit!"

„Ja, es stimmt", sagte Kurt, „aber es war auch eine Zeit der Hoffnung und des Aufbruchs. Wir waren Kommunisten, weil es für uns keine Alternative gab, und wir waren fest überzeugt, der soziale Aufstieg der Arbeiter würde dank der kommunistischen Idee gelingen!"

„Und es hat uns Freude gemacht, dafür zu kämpfen und Opfer zu bringen!", fügte Ernst hinzu. Ihm war dieses Engagement eher nicht zuzutrauen, denn er war klein, dick, phlegmatisch und sprach sehr leise. Ich besaß nur wenig Erfahrung in Sachen Menschenkenntnis, aber ich konnte mir den Ernst schon rein äußerlich nicht als Klassenkämpfer vorstellen.

„Als Kommunisten müsst ihr unter der Naziherrschaft sehr gelitten haben!", bemerkte ich.

„Ja, es war schlimm genug", sagte Kurt, „und trotzdem wäre mir nie in den Sinn gekommen, ins Ausland zu fliehen und irgendwo im Exil zu leben! Auch jetzt, während des Kriegseinsatzes, habe ich nie daran gedacht, zu desertieren. Ich hätte es als Verrat an meinen Frontkameraden angesehen, ganz ohne Ideologie, einfach so!"

Im Hallenser Lazarett fühlten sie sich zum ersten Mal seit vielen Jahren frei von politischen Zwängen. Sie konnten wieder reden, wie ihnen der Schnabel gewachsen war, und sie nützen es aus, um einander Erlebnisse aus der ‚guten alten Zeit' des Widerstandes und des Klassenkampfes zu erzählen.

Heute würde mich interessieren, zu erfahren, was Kurt und Ernst zu ihrem Leben in der späteren DDR gesagt hätten. Als Idealisten mussten sie mit dem Übergang von Nazidiktatur zu Volksdemokratie vom Regen in die Traufe gekommen sein! Es wird für immer im Dunkel der Vergangenheit verborgen bleiben, denn ich kann sie nicht mehr danach fragen. Zu viel Zeit ist verstrichen, sie wären jetzt weit über hundert Jahre alt.

Der damalige Altersunterschied von etwa zwanzig Jahren bewirkte, dass sie im Umgang mit mir und den anderen Jungen stets belehrend und erzieherisch sein wollten. Ich habe es nie als Bevormundung empfunden, im Gegenteil! Sie hatten in jeder Hinsicht die größere Lebenserfahrung und ich wäre dumm gewesen, nicht davon profitieren zu wollen. Eines Abends wurde in unserer Bettenecke wieder einmal über das Thema Nr. 1 aller Männerrunden, Liebe und Sex, gesprochen. Das Verlangen nach Aussprache unter Gleichgesinnten, die sich in gleichen Lebensverhältnissen befanden, verstärkt sich offenbar, je länger eine unfreiwillige Askese andauert. Der Wunsch ist sozusagen der Vater des Gedankens. Es hatte mich nie gestört, wenn sie ihre Erfahrungen austauschten, aber an diesem Abend, wollten sie von mir wissen, ob ich schon gevögelt hätte. Ich hatte nicht vor, zur allgemeinen Unterhaltung beizutragen, und zögerte mit der Antwort. „Ach, lasst ihn doch in Ruhe", kam mir Kurt zu Hilfe, „wo soll er denn Erfahrungen hernehmen, in seinem zarten Alter?"

„Wenn er noch unerfahren ist", sagte einer, „dann könnten wir ihm doch Unterricht geben!" Und als ich nicht wusste, was ich antworten sollte, fügte er hinzu: „Deine Eltern sind weit weg, also müssen wir sie so weit als möglich ersetzen. Was meinst du dazu?"

„Gar nichts!", sagte ich, „ich denke, ich komme schon allein weiter, so wie die meisten jungen Männer. Wer hat denn euch aufgeklärt? Die Mammi oder der Pappi? Oder ist es schon so lange her, dass ihr gar nicht mehr wisst, wer es war?"

Da fanden sie keine rechte Antwort drauf, und ich bekam Oberwasser; der Sexunterricht war fürs Erste auf Eis gelegt. Mein wundersames Erlebnis mit Herta hätte ich um nichts in der Welt preisgeben wollen, es blieb mein Geheimnis.

Es geschah, dass immer wieder Soldaten im Lazarett auftauchten, weil sie irgendeine Hilfe brauchten. Soldaten auf dem dornenreichen Weg in die Heimat, häufig aus einem Gefangenenlager entlassen, aus dem Osten kommend oder aus dem Westen, hungrig, abgekämpft, weite Strecken zu Fuß gehend oder bahnfahrend, und immer bestrebt, so rasch als möglich heimzukommen. Es war Anfang Mai, da kam ich mit einem von ihnen, der sich gerade im Hof des Lazarettes von seinen Strapazen ausruhte, ins Gespräch. „Wo kommst du denn her?", fragte ich.

„Ich? Meinst du, wo ich gerade herkomme, oder meinst du, wo ich zuhause bin?"

„Woher du gerade kommst, natürlich!"

„Ich komme aus Böhmen, und glaube mir, ich bin heilfroh, nicht mehr dort zu sein!"

„Warum war es gerade in Böhmen so schlimm?"

„Es war die Hölle! Die Tschechen hätten am liebsten jeden deutschen Soldaten sofort umgebracht, und es wäre ihnen wohl gelungen, wenn sie die Russen nicht dran gehindert hätten. Ja, es ist kaum zu glauben, russische Soldaten beschützten uns vor den wütenden Tschechen! – Und was sie mit den Sudetendeutschen treiben, ist unbeschreiblich! Innerhalb von Stunden müssen sie weg, werden von Haus und Hof verjagt!"

„Du wirst mir doch nicht erzählen wollen, dass sie das Land verlassen müssen!" Ich war entsetzt und konnte zuerst nicht glauben, was ich da zu hören bekam.

„Glaub's oder glaub's nicht", sagte der Soldat, leicht verärgert.

„Aber sie können doch nicht drei Millionen Menschen rausschmeißen!"

„Sie tun es aber! Ich weiß doch, was ich gesehen habe. Die Landstraßen sind voll von Flüchtlingen, die mit ein paar Habseligkeiten zur Grenze ziehen. Sie werden buchstäblich aus dem Land geprügelt, viele werden gefoltert, Frauen werden vergewaltigt, überall liegen Erschlagene am Straßenland. Ich bin froh, dass ich es nicht mehr mit ansehen muss!"

Die Nachricht traf mich wie ein Blitz aus heiterem Himmel. Es war, als hätte man mir den Boden unter den Füßen weggezogen. War es bisher schon schwer genug, daran zu glauben, dass ich meine Angehörigen bald heil und gesund wiedersehen würde, so schien mir die Chance nach dem Gehörten fraglich und in weite Ferne gerückt.

Der Soldat bemerkte meine Betroffenheit: „Bist du etwa aus dem Sudetenland?"

„Ja!"

„Es tut mir leid, dir nichts Besseres berichten zu können! Aber es i s t so!"

Die Nacht nach diesem Gespräch verbrachte ich schlaflos. Kurt und Ernst versuchten mich zu trösten, aber da war nichts zu trösten.

Nach Tagen des Grübelns erwog ich die Möglichkeit, dass dieser Soldat ja nur einern kleinen Teil von Böhmen gesehen haben mochte, und dass es in anderen Teilen des Landes vielleicht nicht so schlimm war. Von Mähren hat er überhaupt nicht gesprochen, folgerte ich, also konnte er nicht wissen, wie es d o r t zuging! Wie sich später herausstellte, war das nur ein unbrauchbarer Strohhalm, an den ich mich geklammert hatte.

Wir lebten in dieser Zeit ohne Radio und ohne Zeitungen, waren also praktisch ohne Informationen, was in der Welt vorging, und es passierte viel, das wenigste allerdings war positiv. Ich erinnere mich nicht, damals anders informiert worden zu sein, als durch mündliche Überlieferung. Ich musste glauben, was man mir erzählte, ich hatte keine andere Wahl.

Im Laufe der Zeit kamen auch noch andere Soldaten vorbei auf ihrer Wanderschaft in die Heimat. Sie berichteten mehr oder weniger dasselbe und mir wurde m e i n e Heimatlosigkeit allmählich zur Gewissheit.

Etwa Anfang Mai herrschte eines Morgens große Aufregung im Lazarett. Unsere amerikanischen Bewacher und Betreuer packten ihre Sachen zusammen, verluden alles in ihre Fahrzeuge und fuhren in Richtung Westen davon. Gleichzeitig tauchten russische Soldaten auf und ergriffen Besitz von dem, was die Amis zurückgelassen hatten.

Was war geschehen? Nun, die Amerikaner waren, wie ich schon erwähnte, etwas schneller beim Erobern Deutschlands und stießen bis in den Osten Thüringens vor.

In früheren Konferenzen war jedoch vereinbart worden, dass Thüringen zur Gänze zur russischen Zone gehören sollte. Die Amis zogen sich wieder zurück, und diese Korrektur erlebten wir jetzt hautnah, mit gemischten Gefühlen, mit sehr gemischten Gefühlen sogar.

Die Russen zeigten nicht das geringste Interesse, unser Lazarett weiterzuführen. Alle Insassen, die in der Lage waren, sich mit eigener Kraft fortzubewegen, sollten ihr Bündel schnüren und dort hingehen, wohin sie wollten, die anderen aber, die noch bettlägerig waren, sollten in ein öffentliches Krankenhaus geschafft werden.

So war das russische Ziel, doch vorerst blieb alles, wie es war. Der Lazarettalltag schien unverändert zu sein; die Russen ließen sich kaum blicken, dafür waren sie umso mehr zu hören, wenn sie nachts betrunken durch die Straßen grölten. Manchmal hörte man auch Frauen um Hilfe schreien. Der Ruf, der den Sowjets vorauseilte, bestätigte sich bis ins Detail.

In dieser Zeit, es muß so in der ersten Maihälfte gewesen sein, stand plötzlich ein junger Mann am Fuß meines Bettes, den ich vorher noch nie gesehen hatte. Er war groß, schlank, hatte dunkles zurückgekämmtes Haar, braune Augen und ein sehr regelmäßiges Gesicht, ein Gesicht, das man sich merkt, vom ersten Augenblick an.

Spätestens jetzt muss ich achtgeben, nicht kitschig zu werden. Ist es noch tragbar, wenn ich sage, wir beide, der fremde junge Mann und ich, der noch etwas jünger war, hätten sofort Gefallen aneinander gefunden? Oder birgt diese Aussage einen Hauch von Homophilie? Einen solchen Eindruck möchte ich von vornherein vehement ausschließen, obgleich mein erster Gedanke war, als ich ihn sah: Der schaut aber gut aus, und sympathisch ist er auch, mit ihm könnte ich Freundschaft schließen. Ein Mann hat ähnliche Erlebnisse nur sehr selten.

Jetzt, bei einer Rückschau in die Vergangenheit, rücken etliche Episoden und Begegnungen wieder ins Licht der eigenen Wahrnehmung. Hat man sich damals richtig verhalten, hat man das Richtige getan? Waren wir jungen Leute überhaupt in der Lage, die auf uns einstürmenden Situationen richtig einzuschätzen? Ich denke schon. Wir sind einfach mit jeder Aufgabe, die sich uns stellte, gewachsen; vor allem, weil uns ja nichts anderes übrig blieb. ‚Friss, Vogel, oder stirb!‘ war die Parole, und es gab keine Alternativen.

Vollkommen werden Freundschaften erst dann, wenn es dem auf dich Zukommenden genauso ergeht wie dir; so war es bei Walter N. und mir, sonst wäre er ja nicht vor meinem Bett stehen geblieben, um Kontakt aufzunehmen.

Walter unterschied sich von den meisten anderen Menschen, die mir in jenen Kriegsjahren begegneten, auf eine besondere Weise. Allein die Stimme, warm, akzentuiert, humorvoll und gewählt im Ausdruck; ich wunderte mich nicht, als ich erfuhr, dass sein Vater Opernsänger war. Er dürfte Wert darauf gelegt haben, dass sein einziger Sohn ihm nacheifere und möglicherweise sogar den Beruf eines Sängers oder Schauspielers ergreifen würde. Großen Eindruck machte auf mich, dass viele Künstler von damals im Hause N. verkehrten, darunter auch René Deltgen, den ich seit dem Film ‚Tiger von Eschnapur' besonders verehrte.

Für Stoff unserer langen Gespräche war auf jeden Fall gesorgt. Walter wusste seine Kindheit sehr eindrücklich zu schildern, aber auch über unsere Zukunft wurde viel gesprochen. Sie war alles andere als rosig, für niemanden. Fast alle mussten bei null anfangen in einem Land, das zerstört war und unzählige Tote zu beklagen hatte, und in dem nichts mehr so war wie früher. Als ich Walter von meinem Schicksal erzählte, nicht mehr nachhause zurückkehren zu können, war er sehr erschüttert. Sofort begriff er, was sich da ereignet hatte und wie mir zumute sein musste. Er versuchte mich aufzuheitern: „Schau, wie dir geht es hunderttausenden auch. Ich weiß, es ist ein schwacher Trost, aber die Menschen, deren Häuser zerbombt worden sind, haben im Grunde ihre Heimat auch verloren."

„Nicht ganz", sagte ich, „Sie können wenigstens in ihrem Heimatbereich bleiben! Uns hat man die Häuser nicht zerstört, sondern einfach weggenommen, samt dem Land, auf dem sie stehen! Ja, die ganze Heimat hat man uns weggenommen! Aber, was rede ich! Es hat ja alles keinen Sinn!"

„Wirf nicht die Flinte ins Korn! Es ist immer gut, über etwas zu reden!"

„Was ändert's?", sagte ich bitter. „Im Grunde genommen haben sie ja recht, uns alles wegzunehmen. Der Hitler hat ja auch nichts anderes gemacht! Er hat mit all diesen Scheußlichkeiten angefangen! Und jetzt revanchieren sie sich, egal ob es Unschuldige trifft oder nicht!"

„Es trifft meistens die Unschuldigen!"

„Ja, weil niemand unterscheiden kann zwischen schuldig und unschuldig, selbst wenn sich jemand die Mühe nähme, darüber nachzudenken!"

„Zur Zeit lautet die Gleichung: Deutsch ist gleich schuldig!", sagte Walter nachdenklich. „Aber diese Meinung wird sich wieder ändern."

„Nur an der Tatsache, dass die Deutschen mit diesem Scheißkrieg angefangen haben, wird sich nie etwas ändern! Ums A n f a n g e n geht's, um nichts anderes!"

„Trotzdem werden bald andere Beurteilungen greifen, so k a n n es auf Dauer nicht bleiben!" Walter war von seinem Optimismus nicht abzubringen.

Etwa drei Wochen waren vergangenen, in denen die Russen das Kommando in Halle geführt hatten, als sich wieder etwas Unvorhergesehenes ereignete. Motorengeräusche veranlassten uns eines Tages, zum Fenster hinauszublicken, und wir trauten unseren Augen nicht: Mehrere amerikanische Trucks mit einem Jeep an der Spitze fuhren in den Hof und nahmen vor den Fenstern Aufstellung. Es dauerte nicht lange und der Befehl, unsere Siebensachen zusammenzupacken, hallte durch die Gänge. Es hieß, die Amerikaner wären zurückgekommen, um uns, ihre Gefangenen, abzuholen und in den Westen zu bringen.

Was ging hier vor? Nach den damaligen Informationen hatten die Amerikaner den russischen Zusagen, ihre Kriegsgefangenen den Bestimmungen der Genfer Konvention entsprechend zu behandeln, keinen großen Glauben geschenkt. Sie beschlossen daher, ‚ihre‘ Gefangenen aus der Russenzone herauszuholen. Viele Jahre später konnte ich mein ursprüngliches Wissen um einige Details erweitern. Es war keineswegs so, dass die Amis in unserem Fall aus reiner Nächstenliebe handelten. Diese Annahme wäre reichlich naiv gewesen. Nein, die Rettung von uns armen Schluckern aus den Fängen der Russen war wohl nichts anderes als ein kleines ‚Schachzüglein‘ im großen Tauziehen zwischen West und Ost, das bald nach dem gemeinsamen Sieg über die Nazis begonnen hatte. Dass das gute Verhältnis zwischen den Siegern nicht lange anhalten würde, war den meisten Menschen sehr schnell klar geworden.

Viel hatte ich nicht in meinen Ranzen einzupacken; ein paar zerknitterte, nicht mehr ganz saubere Wäschestücke, ein paar Zigaretten, eine Schachtel Streichhölzer, das war alles. Die anderen Sachen hatte mir der gemeine Hund von einem Italiener gestohlen. Ich hoffe, es hat ihm kein Glück gebracht. Das, was ich am Leibe trug, war alles andere als elegant. Walter war nicht besser dran, ich glaube, keiner war besser dran. Meine Beinschiene war ich schon ein paar Tage früher losgeworden, jetzt trug ich nur mehr einen Stützverband um den Oberschenkel.

Einmal noch schaute ich zurück auf das, was für ein paar Wochen unser Zuhause gewesen war: ein verlottertes Gebäude, das einmal eine Volksschule gewesen war, nur notdürftig zu einer Heilstätte für deutsche Soldaten umfunktioniert. Der Abschied fiel mir nicht schwer, aber was würde die Zukunft bringen?

Das Fahrtziel hieß Marburg an der Lahn. Walter sagte, Marburg sei ein sehr nettes Universitätsstädtchen. Von dort hätte er nicht mehr so weit nach seiner Heimatstadt Köln, fügte er hinzu. Des einen Freud, des anderen Leid! E r näherte sich seiner Heimat, i c h entfernte mich immer weiter von der meinigen. Von meiner Heimat? Das ging nicht, denn ich hatte ja keine mehr, und man konnte sich von etwas, das man nicht mehr besaß, weder entfernen, noch sich annähern.

Ich weiß, ich wiederhole mich des Öfteren, wenn ich Abschied nehmen muss. Eine Reihe von Kameraden aus dem sächsischen Raum, darunter Kurt und Ernst, waren diesmal an der Reihe, sich von mir trennen zu müssen, ohne ernsthafte Chancen auf ein Wiedersehen. Und erneut tropften Tränen aus traurigen Augen und es gab zu Herzen gehende Gesten des Abschieds. Man sollte meinen, man gewöhne sich mit der Zeit daran, aber ich weiß aus Erfahrung, dem ist nicht so!

Schließlich bestiegen wir die Ladefläche der Lastautos, nicht mit großer Begeisterung, aber doch mit
einem leisen Gefühl der Erleichterung, das wohl jeden
befiel, der dem Machtbereich der Russen entkommen
konnte. Unter dem Gewinke der Zurückbleibenden
fuhren die Autos aus dem Hof zur Straße nach dem
Westen. Für die Schwerverletzten war die Fahrt ein
Martyrium. Sie wurden arg herumgebeutelt, besonders
in Kurven gab es so manchen Schmerzensschrei. Auch
der raue Fahrtwind machte vielen zu schaffen. Walter
hatte einen Platz hinter dem Fahrerhaus ergattert, der
geschützter war vor dem ärgsten Wind; dort kauerten
wir, zusammengepfercht und aneinandergedrückt wie
die Heringe. Ich weiß nicht mehr, wie lange die Fahrt
dauerte, aber es waren viele Stunden, auch habe ich
keine Erinnerung an Fahrtunterbrechungen, irgendwann mussten wir aber Pinkelpausen gemacht haben.

Das Lazarett in Marburg, unser neues Domizil, war
gepflegter und sauberer, endlich einmal eine Wendung
zu besseren Lebensbedingungen. Es befand sich
mitten in der Stadt, in der Nähe des Schlossberges.
Marburg war eine der wenigen deutschen Städte, die
vor Bombardierungen verschont geblieben sind. Nur
der Bahnhof ist seiner Größe wegen angegriffen und
schwer beschädigt worden. Wir fanden sogar einen
hellen Aufenthaltsraum vor, in dem wir essen, Karten
spielen und tratschen konnten. Lange hatten wir auf
einen solchen Komfort verzichten müssen. Die Insassen des Lazarettes waren ein bunt zusammen-
gewürfelter Haufen aus aller Herren Länder, nicht

nur Deutsche und Österreicher, es waren auch Leute vom Balkan dabei, und Ungarn. Diesem Umstand verdankte ich das Lernen aller möglichen Kartenspiele; mit den Balkanesen spielten wir Durak, mit den Österreichern Mariage, Tarock und Bauernschnapsen. Die Deutschen bevorzugten Skat. Da wir nicht aus dem Haus gehen durften, war das Kartenspielen die einzige Abwechslung in unserem Dasein. Fast hatte ich vergessen, dass wir immer noch *prisoners of war* waren. Am Gehsteig vor der Haustür stand ein Sessel, der immer von einem amerikanischen Wachsoldaten besetzt war. Sein Auftrag war, aufzupassen, dass keiner der wertvollen Gefangenen entfloh, schließlich hatten sie uns doch mit großem Aufwand den Russen entrissen! Aber von uns dachte keiner an Flucht; wohin auch? Wir waren froh, endlich eine anständige Behausung mit einigermaßen guter Verpflegung zu haben. Die wenigsten Zivilisten waren in dieser Zeit so gut aufgehoben wie wir! Mein Bein machte gute Fortschritte bei der Heilung, die hässliche Narbe würde mir allerdings für immer bleiben und mich mein ganzes Leben an diesen Scheißkrieg erinnern.

Ich wüsste aber viele andere, die es nötiger gehabt hätten, an diese unselige Zeit erinnert zu werden als ich. Ich meine jene, die trotz all diesen fürchterlichen Erfahrungen uneinsichtig geblieben und so vernagelt sind, immer noch zu glauben, die auf der anderen Seite seien schuld an dem Debakel. Die einzige ‚Schuld‘ der Alliierten, so sehe ich es, war, dass sie den Hitler nicht schon zu Beginn des Krieges auf irgendeine Weise beseitigt haben, die Österreicher haben einen treffenden

Ausdruck dafür, nämlich ‚hamdrahn‘, das heißt auf gut Deutsch, jemanden ‚heimdrehen‘, ihn ins Jenseits zurückdrehen, dorthin, wo er hergekommen ist. Damit hätten sie sich und uns sehr viel erspart. Oder aber, (ich mische jetzt meinen damaligen Wissensstand mit dem heutigen), oder aber sie haben darauf spekuliert, Hitler würde die Bolschewiken 1942 besiegen, quasi die Dreckarbeit machen, und sich dabei so verausgaben, dass sie leichtes Spiel mit ihm haben würden. Ähnlich verhielt es sich in den 1980er Jahren während der Golfkriege. Saddam Hussein hatten die Amerikaner schon beim Genick, ließen ihn aber dann doch bei Nacht und Nebel entschlüpfen, weil sie ihn als Gegengewicht im Nordirak gegen die Kurden brauchten. Offiziell hieß es, das UNO-Mandat sähe nicht vor, die Hauptstadt Bagdad zu besetzen!

Eines Morgens kam Walter später als sonst in den Aufenthaltsraum.

„Was ist los mit dir, hast du verschlafen?“, fragte ich.

„Nein, stell dir vor, es ist mir gelungen, meine Mama in Köln zu erreichen!“ Sein Gesicht strahlte vor Wiedersehensfreude.

„Und?“

„Sie wird morgen hierher kommen, so rasch es ihr möglich ist!“

„Ist die Eisenbahn denn schon wieder in Betrieb?“

„Ich denke schon, andere Verkehrsmittel wird es nicht geben. Ich habe ihr von dir erzählt, sie freut sich schon, dich kennenzulernen!“

„Was hast du ihr von mir erzählt?“

168

„Ich habe ihr vor allen Dingen gesagt, dass ich in dir einen lieben Freund gefunden habe und dass wir, so oft es geht, beisammensitzen und uns über Gott und die Welt unterhalten!"

Einmal gab es in unserem Zimmer eine Debatte, an der sich fast alle Insassen beteiligten. Ein junger Mann aus München, Florian, hatte seinem Bettnachbarn erzählt, er habe einmal gehört, wie in einem Auto ein Radio gespielt habe. Er hätte es besser bleiben lassen sollen, denn der Freund, übrigens ein Urwiener, nämlich nutzte die Gelegenheit zu einem deftigen Scherz:

„W a s hast du g'hört?", rief er und mimte den Ungläubigen. „Ein Radio, das in einem Auto g'spielt hat? Das gibt's nicht!"

„Doch, ich hab's mit eigenen Ohren gehört!"

„Unmöglich! In einem Auto k a n n kein Radio funktionieren!"

„Warum soll denn in einem Auto kein Radio funktionieren?"

„Weil des Radio in an Auto ka Erdung hat!" Er fiel unwillkürlich in seinen Wiener Dialekt. „Und zum Radiospüln brauchst a Erdung!"

Einige Freunde hörten von Weitem zu, nun näherten sie sich den beiden. Einer sagte: „Ja, der Ferdl hat recht, ein jedes Radio braucht a Erdung!"

„Warum soll's denn a Erdung brauchen? Woanders gibt's doch auch ka Erdung!"

„Doch, doch! Überall gibt's a Erdung, nur im Auto net, weil a Auto Gummiradln hat und die isoliern dir die Erdung weg!"

„Gut, aber Strom hat's schon in an Auto, nämlich von der Batterie, und die hat aber a Erdung!"

„Des scho", sagte der Ferdl, „aber die geht nur bis zu die Radln, wann des Radio a Stückl weiter weg steht von der Batterie, dann wirkt die Erdung von der Batterie überhaupt nimmer!"

„Du redst aber an Blödsinn!", sagte der Florian, und dann versank er in tiefes Nachdenken. Nach zehn Minuten rief er in die Runde: „Und wenn's ihr euch auf den Kopf stellts, ich hab's spuiln ghört, basta!"

„Jetzt fangt er scho wieder an damit!", rief der Ferdl. „Bist du schon ganz vernagelt?" Und nach einer Weile:

„Jetzt erklären wir dir haarklein, warum des net geht, und du glaubst's net!"

„I woaß doch, was ich g'hört hab!" antwortete der verzweifelte Florian.

„Scheinbar waßt du des net, vielleicht warst ang'soffen!", meinte Ferdl. „Oder irgendwoanders hams gspült, kann sein nebenan in an Haus, und du glaubst, es war im Auto!"

„Dort war ka Haus in der Näh! Da is nur des Auto g'standn und sonst nix! Und die Tür war offen!"

Jetzt schaltete ich mich in die Debatte ein: „Schau, Florl, es is ja auch noch was anderes wichtig. A Radio braucht net nur a Erdung, sondern auch a Antenne, ohne Antenne rührt sich gar nix!"

„Richtig", pflichtete mir der Ferdl bei, „die brauchst a. Und hat des Auto a Antenne ghabt?"

„Freilich, freilich, ausn Kotflügl is a Stangl aussigstandn!"

„Mit an kurzn Stangl fangst aber nix an! A Antenne muss mindestens hundert Meter lang sein. Des Stangl, was du g'segn hast, war sicher a Fahnenstangl!"

„Ich hab g'lesn", sagte ich, „sie wollten als Erdung a Drahtseil hintern Auto nachziehen, aber des is immer auf und niederghupft und hat Funken gsprüht, und im Radio hast's dauernd gekracht!" Ich zuckte mit den Achseln und lächelte nachsichtig; Florians Gesicht war verbissen, die Stirn gerunzelt:

„Na, na, na! Ihr könnt's sagen, was ihr wollts, d e s Radio h a t gspuilt!" Florian hockte am Rand des oberen Stockbettes und schaute trübsinnig herunter.

„Horch zu, Florl", sagte der Ferdl, „ich mach dir an Vorschlag. Uns glaubst ja doch net, wir geh'n zum Oberarzt, oder besser g'sagt, wir warten, bis er zur Abendvisite kommt, und dann fragen wir ihn, ob's ein Radio in an Auto gibt, oder net. Und was er sagt, das gilt! Schließlich is er a g'studierter Mensch, der si überall auskennt. Einverstanden?"

Alle warteten gespannt auf die Visite. Als der Doktor kam, sagte der Ferdl: „Herr Doktor, mir ham da eine Debatte. Gibt's ein Radio, das in einem Auto spielt, oder net? Der Florian sagt ja, wir sagen nein!" Und dabei blinzelte er mit dem rechten Auge, dass der gute Doktor gleich wusste, wie der Hase lief.

„Ja, das ist eine schwierige wissenschaftliche Frage", sagte er, „bis jetzt sind alle Versuche, ein Radio in einem Auto zum Spielen zu bringen, gescheitert."

„Ja, aber ich hab's doch deutlich g'hört!", rief Florian dazwischen.

„Geln's, Herr Doktor, des is, weil's Probleme gibt mit der Erdung?", fragte der Ferdl, um ihn auf die rechte Spur zu bringen.

„Ja, es ist das Hauptproblem", meinte der Doktor, „die Gummireifen verhindern eine kontinuierliche Erdung, man hat schon überlegt, eiserne Reifen zu verwenden, aber die gäben ein so lautes Geratter von sich, dass man vom Radio nix hören würde."

„Herr Doktor, ich schwör Ihnen, ich hab ein Radio in einem Auto spielen gehört, ganz klar und deutlich!" Florian war verzweifelt.

„Tja, als Mediziner muss ich Ihnen sagen, dass manche Menschen Halluzinationen haben. Sie glauben, etwas zu hören, das es nicht gibt. Vielleicht ist das bei Ihnen der Fall. Sie brauchen keine Angst zu haben, es ist harmlos und geht vorüber! – Und jetzt wünsch ich allen eine gute Nacht!"

Florian hockte stumm auf seinem Bett. Er war total verwirrt und zweifelte nun selber, ob er das Radio wirklich hatte spielen hören. Fast tat er mir leid in seiner Konfusion. Sicher würde er während der Nacht kein Auge zumachen.

Am nächsten Morgen sah alles anders aus. Keiner sprach mehr darüber, ob ein Radio im Auto funktioniere oder nicht, und keiner hatte Lust, den armen Florian aufzuklären. Ich denke, er wird bald von selbst auf die Wahrheit draufgekommen sein.

Heute sehe ich ein Stück weiter. Die ‚Hetz', die wir da hatten, besaß einen ernsten Hintergrund und erscheint mir als Beweis, dass man vielen Menschen die größten Absurditäten einreden kann, sofern man die nötige Ausdauer und Eindringlichkeit an den Tag legt. Ob das der Hitler auch wusste?? Ich denke, ja. Schließlich ist es ihm gelungen, den Deutschen die haarsträubendsten Dinge vorzugaukeln.

Ja, und dann war sie da, Walters Mama. Den ganzen Vormittag hatte er Ausschau gehalten und draußen gewartet. Bei der Begrüßung hielt ich mich im Hintergrund, sicher hatten sie sich viel zu sagen. Auch wusste ich nicht, wie lange sie sich nicht mehr gesehen hatten.

Dann deutete Walter auf mich und sagte: „Ich möchte dir meinen Freund Helmut vorstellen, Mama!"

Wir reichten einander die Hände, und als ich in ihr freundliches Gesicht blickte, war ich überzeugt, hier die Gelegenheit zu haben, eine wunderbare Frau kennenzulernen. Erstaunt war ich nur, dass Walter ihr überhaupt nicht ähnlich sah. Es hieß doch immer, dass Söhne eher den Müttern nachgeraten als den Vätern. Hier war es umgekehrt. Offenbar hatte Goethe recht, als er dichtete: ‚Vom Vater die Statur, vom Mütterchen die Frohnatur!' Sie musterte mich eine Weile mit einem forschenden Blick, dann sagte sie:

„Ich freue mich, dass Walter einen guten Freund gefunden hat! Jetzt weiß ich auch, weshalb ihr euch so gut versteht!" Sie verwendete sofort das Du-Wort, was ich als ihr Einverständnis zu unserer Freundschaft wertete, und auch dafür, dass sie jede Barriere des Fremdseins beseitigen wollte.

Walter erzählte kurz, wie es uns hier in diesem Lazarett ging, dass wir, gemessen an den Umständen, unter denen wir in Halle hatten leben müssen, eine deutliche Verbesserung des Lebens gefunden hatten, und kam schließlich auch auf meine persönliche Misere zu sprechen.

Sie schaute mich nachdenklich an: „Es ist leider sicher, du wirst nicht mehr in deine Heimat zurückkehren können. Die Tschechen machen Ernst mit den Ausweisungen, sie haben sogar eine gesetzliche Grundlage dafür geschaffen. Möchtest du stattdessen zu uns kommen? Wir haben ein großes Haus, auch geht es uns finanziell nicht schlecht; überlege es dir – ich würde mich sehr freuen, wenn du ja sagst!"

Ich war gerührt, dass sie mir so viel Vertrauen entgegenbrachte, obwohl sie mich erst seit knapp einer Stunde kannte. Die Meinung Walters schien Gewicht zu haben, was mich nicht wunderte, denn er war das einzige Kind.

Ich dankte für das Vertrauen und bat um ein paar Tage Bedenkzeit. Ich konnte nicht glauben, was ich da gehört hatte. Von einer Minute auf die andere hatte sich meine erbärmliche Situation um hundertachtzig Grad gedreht und zum Guten gewendet. Dass ich jetzt ein neues Zuhause haben sollte, erfüllte mich mit Freude, aber auch mit einer gewissen Zurückhaltung; es ging mir einfach zu glatt und zu einfach. Niemand brachte Einwände oder Warnungen zur Sprache. Wenn nur ein Einziger da gewesen wäre, der gesagt hätte, nimm das Angebot aus diesen oder jenen Gründen nicht an, ich hätte etwas zum Überlegen gehabt. Aber so schien mir von meiner subjektiven Warte aus alles bestens, ich war von der Loyalität Walters und der seiner Mama felsenfest überzeugt.

Einziger Wermutstropfen war, dass ich von meinen Angehörigen weder wusste, wo sie sich befanden, noch ob sie überhaupt am Leben waren; seit vielen Monaten gab es nicht das geringste Lebenszeichen. Waren sie der tschechischen Soldateska ohne Schaden entkommen? Wohin waren sie geflüchtet? Nach Wien zu Tante Klara? Ich war nicht sicher, denn von Neutitschein bis nach Wien war ein weiter Weg: Zu Fuß wäre es überhaupt nicht möglich gewesen; durften sie mit der Eisenbahn fahren? Lauter Fragen, auf die ich keine Antwort fand.

Endspurt in den Frieden

Unsere amerikanischen Bewacher kamen sehr bald auf die Idee, uns, als ihre *prisoners of war,* soweit wir körperlich dazu in der Lage waren, zu Hilfsarbeiten heranzuziehen. Wir waren die billigsten Arbeitskräfte, die sie ergattern konnten, und das bisschen Zusatzverpflegung, das wir erhielten, ein paar Corned-Beef-Dosen, ein paar Chesterfields und ein paar Schokoladeriegel, fiel für sie nicht ins Gewicht. In der Früh standen sie mit ihren Trucks vor der Haustür, und je nach Bedarf wurden entweder ein oder zwei Mann jedem LKW zugeteilt. Die Fahrer waren meist schwarz; freundliche, nette, lustige Burschen, die uns wie ihresgleichen behandelten und nie ekelhaft waren. Der erste Fahrer, dem ich zustieg, schaute mich mit großen Augen an: „Oh, you are a girl?"

„No, I'm a boy!", sagte ich mit möglichst tiefer Stimme.

Dann schüttelte ich meine langen Haare aus der Stirn. Wochenlang waren meine Haare nicht geschnitten worden, kein Wunder, dass er glaubte, ich sei ein Mädchen, denn damals gab es noch keine Beatles. Die russischen Soldaten hatten meist glatt rasierte Schädel, die deutschen trugen die Haare auf Streichholzlänge, wie es im Barrasjargon hieß, und die Yankees lagen mit Frisuren von ein bis zwei Zentimetern Länge irgendwo in der Mitte. „What's your name?", fragte ich.

„My name is Jim, and yours?"

„Helmut!"

„Oh God, *Ellmat*, what a funny, creasy crazy name!" Und er lachte, dass die weißen Zähne leuchteten. Dann begann er zu singen, zum ersten Mal hörte ich ein gospelartiges Lied, vor sich hingesungen mit jenem eigenartigen Ttimbre, das keinem Weißen aus der Kehle kommt, so sehr er sich auch bemüht. Ich war fasziniert. Als er aufhörte, bat ich ihn, doch noch ein bisschen weiterzusingen, es sei unglaublich schön für mich, zuzuhören. Es machte ihm sichtlich Spaß, in mir einen so begeisterten Zuhörer zu haben, dass er erst endete, als wir unser Ziel erreicht hatten. Ich erinnerte mich an meine erste Begegnung mit dem Jazz. Ich hatte im Gymnasium einen Schüler der siebenten Klasse kennengelernt, der mich einmal zu sich einlud und mir zwei oder drei ‚Schellacks' vorspielte. Bisher hatte ich nur jene Musik gekannt, die im Radio als ‚Tanzmusik' von Leuten wie Horst Winter oder Michael Jary dargebracht wurde und die gelegentlich auch schon swingend sein konnte. Alles andere war verboten und wurde als minderwertige Negermusik abgetan. Diesem Urteil hatte sich meine gute Großmama angeschlossen, für sie war alles Negermusik, was nicht mit Volks- und Kirchenliedern zu tun hatte. Da war ich schon um einiges ‚fortschrittlicher'! Trotzdem hatte ich Mühe mit jenen Schallplatten, die mir der ältere Mitschüler vorgespielt hatte. Es dürften Aufnahmen aus der Bebop-Ära gewesen sein, mit Dizzy Gillespie, Miles Davis oder Charlie Parker. Eine zwar ungemein swingende Musik, aber für einen Neuling vieler rauer Dissonanzen wegen doch nicht so flüssig in die Ohren gehend. Leichter wäre es gewesen, wenn er seinen Unterricht mit Oscar Peterson oder Benny Goodman begonnen hätte. Aber ich schaffte es auch so.

Als Mitfahrer der Lastautos mussten wir verschiedene Dinge, die von einem Ort zum anderen transportiert werden sollten, auf- und abladen. Meistens handelte es sich um Möbel, Einrichtungsgegenstände und Haushaltsgeräte. Keine Schwerarbeit, nur selten waren wir mit allen unseren Kräften gefordert. Dennoch stritten wir mit den Aufsichtsleuten um mehr Ruhepausen und ich musste ihnen mit meinem dürftigen Schulenglisch klarmachen, dass wir als kaum genesene Patienten des Lazarettes nicht in der Lage waren, dauernd schwere Lasten zu schleppen.

Abends saßen wir beide, Walter und ich, beisammen und schmiedeten Pläne. Sie hatten unserem Wissensstand und unserem jungen Alter entsprechend, viel Nebensächliches im Vordergrund, von dem wir glaubten, dass es wichtig sei. Einig waren wir uns in der Frage des Studierens, obgleich wir noch nicht sicher waren, w a s wir studieren wollten und sollten. Auch hatten wir noch kein Abitur. Aber es sollte so rasch als möglich damit begonnen werden. Ob die Universitäten in Deutschland schon in diesem ersten Nachkriegssemester in der Lage waren, Vorlesungen zu halten, war die nächste Frage, die uns aber noch nicht so brennend interessierte. Dafür waren wir uns einig, den Weg von Bergisch Gladbach nach Köln möglichst im Auto zurückzulegen, noch besser wäre es, so überlegten wir, wenn jeder von uns ein eigenes Auto haben würde, klein sollten sie sein, und man sollte schon von Weitem erkennen, wer drinsaß, also sollte jedes Auto in einer anderen Farbe lackiert sein, rosarot das eine und hellblau das andere, aber da konnten wir uns nicht drauf einigen, wer das rosarote und wer das hellblaue bekäme. Die Lösung war einfach, ein Auto sollte hellblau sein mit rosaroten Kotflügeln, und das andere rosarot mit hellblauen Kotflügeln; und wer welches bekam, sollte ein Los entscheiden. Wichtiger war, dass es zwei Autos der gleichen Marke und des gleichen Typs sein sollten!

Ich weiß nicht mehr, wer von uns beiden diese Schnapsidee mit den beiden Farben hatte, es ist auch egal, begeistert davon waren wir gleichermaßen. Ein bisschen eher traue ich aus heutiger Sicht diese Sache m i r zu als dem Walter. Warum? Ich entsinne mich der Zeit, als ich etwa sechs Jahre später in Wien meine erste Wohnung einrichtete und für das Wohnzimmer zwei Sitzbänke bestellte, eine mit rosaroter Polsterung und hellblauen Armstützen, und die andere – muss ich weiterschreiben? Nein! Als die beiden Couches geliefert wurden, wäre ich am liebsten in der Erde versunken, so hässlich waren sie. Noch heute steigt mir die Schamröte ins Gesicht, wenn ich daran denke. Zu meiner Ehrenrettung muss ich hinzufügen, ich habe dazugelernt, eine ähnliche Entgleisung hat sich in all den Jahren nie mehr wiederholt.

Ob und wer das bezahlen sollte, was wir uns da ausdachten, darüber machten wir uns nur am Rande Gedanken. Kommt Zeit, kommt Rat! Führerschein hatten wir auch noch keinen, also stand das ganze Projekt ohnehin auf schwachen Beinen. Es machte uns einfach Spaß, nach all diesen Nötigungen und Versuchen des Militärs, uns das freie Denken auszutreiben, endlich etwas selbst entscheiden zu können, frei zu sein, auch den größten Blödsinn eigenständig zu denken. Niemand gab uns den Befehl, damit aufzuhören, wir konnten weiterspinnen, bis es uns von selber zu dumm wurde. Es war uns die Hauptsache, Gedankenfreiheit zu haben.

Der Glaube an die vermeintliche Eigenständigkeit beim Planen und Denken war, wie sich bald herausstellte, ohnehin nur von kurzer Dauer.

Anfang August nahte für uns beide der Zeitpunkt der Entlassung. Lange Zeit war ich unschlüssig, ob ich das Angebot von Walters Mutter annehmen sollte oder nicht. Wäre ich meinen Wünschen und Bedürfnissen gefolgt, hätte ich bedenkenlos ja sagen müssen, aber solange ich mich über das Schicksal meiner Angehörigen völlig im Unklaren befand, hätte ich kein ruhiges Gewissen gehabt; vielleicht befanden sie sich in einer schwierigen Lage und brauchten meine Hilfe, vor allen Dingen dann, wenn mein Vater es nicht geschafft hatte, heil aus dem Krieg zurückzukommen. Wer hatte überhaupt überlebt in dieser gnadenlosen Zeit?

Diese Fragen bedrückten mich auch deshalb, weil völlig ungewiss war, ob und wann ich Antworten darauf bekommen würde. Niemand meiner Angehörigen konnte wissen, wo ich mich aufhielt, also musste die Initiative zuerst von mir ausgehen. Diese Überlegung war letztendlich ausschlaggebend für meine Entscheidung, zunächst einmal nach Wien zu fahren; möglicherweise hatte Tante Klara, die Schwester meines Vaters, schon Nachrichten aus Seitendorf. Auf jeden Fall würden sich alle Familienmitglieder als Erstes bei ihr melden, eine andere Möglichkeit gab es nicht. Sie war die Anlaufstelle für die heimatlos gewordene Verwandtschaft.

Walter und ich: lange Zeit hatte unser Beisammensein nicht gedauert, nicht ganz ein Vierteljahr. Für uns war es trotz aller Widrigkeiten eine schöne Zeit. Beide waren wir deprimiert und traurig ob der bevorstehenden Trennung. Noch heute, nach fast einem Menschenalter, habe ich Skrupel und Gewissensbisse, weil ich ihm damals wehtun musste – und, im Grunde genommen, mir selber auch.

Großes Verständnis brachte Walter für mein Handeln auf, ohne Vorwürfe, ohne Schuldzuweisungen, einfach so. Ich sehe sein ernstes, enttäuschtes Gesicht immer noch vor mir, so als wäre es erst gestern gewesen.

Odyssee nach Wien

Gemeinsam betraten wir das Gefangenenlager der Amerikaner, um die Entlassungspapiere in Empfang zu nehmen. Es herrschte ein ständiges Kommen und Gehen. Täglich wurden hier tausende Soldaten durchgeschleust, abgefertigt und in die Freiheit entlassen.

Walter würde von hier in den nächsten Tagen zum Bahnhof wandern und versuchen, einen Zug nach Köln zu erwischen. Die Chance, dass er es in einem halben Tag schaffte, nach Hause zu kommen, war groß.

Bei mir lag die Sache anders, ich war mindestens achthundert Kilometer von Wien entfernt, und bei den katastrophalen Verhältnissen wusste ich, dass eine lange, beschwerliche Reise vor mir lag. Auch wusste ich nicht, wie lange mein Aufenthalt hier dauern würde, bis ich mit der Entlassung an die Reihe kam.

Es hieß für uns warten. Meist saßen wir in dem Zelt, in das ich eingewiesen worden war, beisammen. Der trockene und sonnige Sommer hielt an und es war heiß im Zelt, trotzdem hielten wir uns lieber drinnen auf.

Draußen auf dem weiten Platz war es laut und hektisch, dazu wirbelte der Sommerwind Staubwolken durch die Zeltgassen. Bei einem Regen musste hier alles im Schlamm versinken. Als Verpflegung bekamen wir, immer zwölf Mann (es können auch nur zehn gewesen sein) gemeinsam und täglich, einen Karton mit allerlei amerikanischen Nahrungsmitteln, Corned Beef zum Beispiel, meistens in Form von Konserven. Dazu Weißbrot und Tee.

Bei der Registrierung hatte ich als Beruf ‚Gymnasiast‘ angegeben, was zur Folge hatte, dass man mir das Angebot machte, stundenweise in der Schreibstube mitzuarbeiten; eine Möglichkeit, die Wartezeit ohne Langeweile zu überstehen. Bei dieser Tätigkeit lernte ich einen Wiener kennen, er war etwa drei Jahre älter als ich, und sein Wunsch war, möglichst schnell nachhause zu kommen. Damit war er nicht allein, jeder, mich eingeschlossen, hatte genug von dem jahrelangen Zigeunerleben. Wir beschlossen, diese Abenteuerfahrt gemeinsam hinter uns zu bringen, zu zweit war alles leichter.

Der Abschied von Walter? Trauriger Höhepunkt unseres kurzen gemeinsamen Lebensweges, aber auch gekennzeichnet durch die Hoffnung auf ein baldiges Wiedersehen. Ich möchte an dieser Stelle von einer detaillierten Schilderung Abstand nehmen, weder von der letzten Umarmung berichten, noch davon erzählen, dass ich winkend dastand, bis Walter am Ende der Straße, sich noch einmal umdrehend, den Arm zum letzten Gruß erhob. So etwas vergisst man nicht!

Mein neuer Weggefährte entpuppte sich als umsichtiger, alle möglichen Vorteile ausnützender Kamerad. So gesehen hätte ich keinen besseren Kumpel für die große Fahrt finden können.

Zunächst einmal hatte sich ein paar Tage lang nichts getan, ich versah meinen Dienst in der Schreibstube. Ich hatte Listen zu führen über einen Teil der in diesem Lager durchgeschleusten Landser, keine sehr abwechslungsreiche Tätigkeit, bis ich eines Tages dahinterkam, dass meine Entlassungspapiere in irgendeiner Schreibtischlade zuunterst ruhten und dort ‚vergessen‘ wurden; ich hatte Grund zu der Annahme, dass sie ganz bewusst vergessen wurden, um mich möglichst lange als Schreiberling an der Hand zu haben. Dafür fehlte mir allerdings jedes Verständnis. Ich ersuchte den Schreibstubenchef um eine entsprechend rasche Erledigung, und Anfang August war es dann so weit und wir machten uns auf den langen Heimweg, wobei für mich das ‚Heim‘ nur bedingt Geltung hatte, viel lieber wäre ich nach Seitendorf gewandert. Das wäre die echte, wirkliche Heimat gewesen! Zur Entlassung bekamen wir ein paar Konserven und etwa siebzig Mark als Wegzehrung, die genaue Summe habe ich vergessen.

Der Gottfried Haslinger, ich habe ihn kurz Friedl genannt, war ein Echter Wiener; das ‚echt‘ schreibe ich bewusst groß, denn heute glaube ich zu wissen, was ein Echter Wiener ist, damals wusste ich's noch nicht: Es ist die Summe vieler menschlicher Eigenschaften, die bei keiner anderen Spezies des *Homo sapiens* so deutlich und gegensätzlich bemerkbar sind wie beim Wiener. Ein bisschen Xenophobie, dann wieder Hilfsbereitschaft, Raunzerei (siehe Hans Moser), die ein gerüttelt Maß an Gutmütigkeit verdeckt, und schließlich Oppositionsgeist, gepaart mit einem Quäntchen Fatalismus, der eventuell auftretende Emotionen wieder ausgleicht.

In meinem Rucksack bewahrte ich den Brief eines aus Wien stammenden Soldaten auf, der zur Ausheilung seiner Wunden noch einige Zeit im Lazarett bleiben musste; ich sollte sein Schreiben, falls es mir gelänge, nach Wien zu kommen, bei den Eltern im siebenten Wiener Bezirk abgeben, als Lebenszeichen ihres Sohnes, der ein paar Wochen später heimkehren würde. Die Straße, in der sie lebten, heißt ,Hermanngasse', auch heute noch heißt sie so, ich bin mit dem Namensgeber weder verwandt noch verschwägert, ein reiner Zufall also, der allerdings noch weitere Seltsamkeiten zutage bringen sollte, doch davon später.

Der Krieg war schon mehr als zwei Monate zu Ende, aber immer noch wollten mehr Menschen von einem Ort zum anderen gelangen, als es für sie Beförderungsmittel, in erster Linie Eisenbahnen, gab. Zu viel war während des Krieges zerstört worden; ja, man musste sich sogar wundern, dass nach den Bombardements überhaupt noch intakte Gleise vorhanden waren, mit allen für den Zugsverkehr notwendigen Einrichtungen, Semaphore, Bahnschranken, Signalanlagen, Bahnsteige, und nicht zuletzt Lokomotiven. Auch der Marburger Bahnhof war nur notdürftig zusammengeflickt. Trotzdem konnten wir noch am selben Tag in Richtung Würzburg abfahren. Der Zug war in erster Linie für heimkehrende Landser vorgesehen und mit dem entsprechenden ‚Komfort' ausgestattet. Er bestand vorwiegend aus geschlossenen Güterwaggons, ohne Fenster, nur mit je einer großen Schiebetür an jeder Seite. Auch hielt sich die Reisegeschwindigkeit in Grenzen. Des schönen Wetters wegen saßen wir die meiste Zeit oben auf dem flachen Dach, die Rundumsicht war grenzenlos und nicht alltäglich. Wer hat beim Bahnfahren schon die Möglichkeit, einen Panoramablick zu genießen? Und dazu noch gratis und franko und in der Gewissheit, einer Zukunft entgegenzufahren, in der es hoffentlich keinen Kanonendonner und kein Maschinengewehrfeuer mehr gab. Dieses Gefühl der Erleichterung machte viele Unannehmlichkeiten der Nachkriegszeit erträglicher. Was war schon eine Bahnfahrt im Viehwaggon, wenn man wusste, wohin die Reise ging! Ich weiß nicht, ob ich leider oder Gott sei Dank sagen sollte, aber die Sache mit der schönen Aussicht war bald zu Ende. Irgendwo, ich glaube, es war in Fulda, konnten wir in ‚normale' Personenwaggons umsteigen, der Wilde Westen begann sich zu zivilisieren!

Die Strecke von Marburg nach Würzburg schafften wir in der Rekordzeit von anderthalb Tagen. Die Details habe ich vergessen, ich weiß nicht, wo wir übernachtet haben, auch nicht, welche Stationen und Bahnhöfe wir passierten, ich weiß nur, dass uns in Würzburg möglicherweise die Gefahr drohte, von den Amerikanern trotz gültiger Entlassungspapiere festgenommen und im dortigen berüchtigten Gefangenenlager neuerlich eingesperrt zu werden. Schon in Marburg sprach man davon. Der Kommandant sei ein amerikanischer Offizier jüdischen Glaubens, hieß es, der sich an den deutschen Gefangenen für alles, was den Juden angetan worden war, rächen wollte. Die Insassen bekämen nur wenig zu essen, müssten auf der nackten Erde schlafen und würden häufig auch misshandelt. Mein schon damals ausgeprägter Gerechtigkeitssinn sagte mir, dass die Reaktion dieses jüdischen Kommandanten zwar berechtigt und menschlich verständlich war, aber wiederum pauschal die falschen Leute traf, nämlich tausende Soldaten, die oft gar keinen Juden kannten, geschweige denn einem von ihnen jemals etwas Schlechtes angetan hatten.

Als wir in den Bahnhof von Würzburg einfuhren, sahen wir, dass der Bahnsteig von schwer bewaffneten amerikanischen Militärpolizisten umstellt war; gespannt beobachteten sie den Zug, bereit, jeden aussteigenden Soldat unter die Lupe zu nehmen. Und aussteigen musste jeder, denn der Zug hatte hier seine Endstation. Mit gemischten Gefühlen blickten wir auf dieses Treiben, das unter Umständen unsere Heimreise so plötzlich zu stoppen imstande war, wie sie begonnen hatte. Tausend Gedanken wirbeln einem in einer solchen Situation durch den Kopf und man sucht krampfhaft nach einem Ausweg. Und es gab einen Ausweg! In dem Augenblick, in dem unser Zug gerade im Begriff war, stehen zu bleiben, sahen Gottfried Haslinger und ich, dass auf dem der Bahnhofsseite abgewandten Nebengleis gerade ein Zug Anstalten traf, abzufahren. „Das ist unsere Chance", sagte der Friedl leise. „Nimm dein Zeug und dann nix wie raus aus dem Zug!"

Unsere Sachen packen, zur Tür laufen, aus dem Zug springen, in den anderen Zug einsteigen, alles das dauerte keine halbe Minute. Es war höchste Zeit, denn der Zug setzte sich sofort in Bewegung; zum Glück in die richtige Richtung, es hätte genauso sein können, dass er dorthin fahren wollte, wo wir gerade hergekommen waren.

„Na servas, des war knapp", sagte Friedl aufatmend, „jetzt brauch ma nur wissen, wo der Zug überhaupt hinfahrt!" Auch da hatten wir ungeahntes Glück, die Fahrt ging in Richtung Passau. „No, da ham ma wieder a Masel g'habt!", kommentierte der Friedl. „Mehr Glück wie Verstand!"

„Was haste gehabt?", fragte ein Nachbar. „Was is'n das, ein Masel?"

„Du weißt net, was a Masel is? Also, wie soll ich dir des erklärn? A Masel, einfach g'sagt, a Masel is so was Ähnliches wia a Glück, es is aber a ganz persönliches Glück, net auf a bestimmtes Ereignis hinzielend, sondern auf des, was du bei an Glücksfall selber spürst. Verstehst?"

„Nein!"

„Des hab i mir denkt! Ich versteh's ja selber net genau! Es is halt a jiddisches Wort, und in Wien weiß a jeder, was Masel heißt! Und des hamma von den Juden g'lernt!"

„Und warum habt ihr es so eilig gehabt, in den Zug zu springen?", fragte er, nachdem sich sein Bildungsstand um das Wort ‚Masel' erweitert hatte.

„Weil wir so schnell als möglich hamkumma wolln nach Wean und uns net noch amal einsperrn lassen wolln von die Amis! Der ganze Barras und die Zeit in Marburg kann mi am Oarsch lecken, des hat mir g'reicht!", sagte Friedl und setzte nach einer kurzen Nachdenkpause fort: „Obwohl's, wenn ich so drüber nachdenk, in Marburg gar net so schlecht war!"

„Was heißt, nicht so schlecht", warf ich ein, „wir haben sogar sehr gute Bedingungen gehabt, im Vergleich zu anderen, nein es ist uns relativ gut gegangen."

„Schon mal was vom Lager Rheinwiesen gehört?", fragte der Soldat und fuhr fort, ohne auf eine Antwort zu warten: „D a s war die Hölle! Hunderttausende Menschen, Soldaten, Flüchtlinge, Frauen, Kinder, gesund und krank, alt und jung, wurden auf Befehl von General Eisenhower im ganzen Rheinland gefangen und in der Nähe des Rheins hinter Stacheldraht zusammengepfercht. Da war keine Rede von den Bestimmungen der Genfer Konvention! Bei Regen und Kälte lagen sie im Schlamm, ohne Zelte, ohne Verpflegung, ohne medizinische Betreuung. Sie starben wie die Fliegen. Eine Woche war ich dort, dann gelang mir die Flucht. Ich fand Unterschlupf bei einem Bauern im Hunsrück, der Arbeitskräfte zur Bestellung der Felder brauchte. Und jetzt bin ich auf der Heimfahrt – wie ihr!"

Daraufhin herrschte betroffenes Schweigen. Warum hörten wir zum ersten Mal davon? Bislang kannte ich derartige Szenarien nur von den Russen, und da hatte man etwas anderes auch nicht zu erwarten gehabt. Und dass die Polen, Tschechen und Balkanesen nachziehen würden, war auch keine Überraschung mehr. Aber von den Amerikanern, den Kämpfern für Frieden und Freiheit? Wieder einmal fühlte ich eine grenzenlose Enttäuschung. Fast spürte ich eine leichte Beschämung, weil es mir wesentlich besser ergangen war, als diesen armen Teufeln auf den Rheinwiesen. War ich ein besserer, wertvollerer Mensch als jene, dass ich verdiente, mit besseren Lebensumständen belohnt zu werden? Niemals, alles war Zufall, nichts als Zufall! Gut und böse sind keine Parameter, nach denen ein Krieg abläuft. ‚Es' geschieht einfach.

Der Zug ratterte gemächlich in Richtung Nürnberg. Gott sei Dank ohne Luftangriffe, dachte ich, und erinnerte mich, dass das vor noch ganz kurzer Zeit keine Selbstverständlichkeit gewesen war. Bald begann es dunkel zu werden. Ob wir während der Nacht durchfuhren oder irgendwo Station machten, weiß ich nicht mehr; ich weiß nur, dass wir uns am späten Vormittag des nächsten Tages Regensburg näherten. Dort sollte eine Fahrtunterbrechung von einigen Stunden stattfinden. Auf einer Bank am Bahnsteig aßen wir unsere letzten Vorräte, was wir von nun an essen würden, wusste nur der liebe Gott, wir jedenfalls nicht. Während Friedl es vorzog, sich am Bahnhof eine Ecke für ein Schläfchen zu suchen, wanderte ich in die Stadt. Ich wollte den Dom sehen, über den ich gelernt hatte, dass er zwei der höchsten Türme Europas besitze, allerdings nicht ganz so hoch wie der Turm des Stephansdomes in Wien. Hundertfünf zu hundertsiebenunddreißig

Metern, dafür aber besaß der Wiener Dom nur einen Turm, der zweite erreichte etwa die halbe Höhe, dann war das Geld zum Weiterbauen erschöpft. Noch eine Gemeinsamkeit der beiden Dome: Beide sind dem Heiligen Stephan geweiht. Auch sind sie annähernd gleich alt.

Im Jänner hatte der Dom einen Bombentreffer erlittenhalten, der an der Westfassade schwere Schäden verursachte. Während ich so dastand und schaute, stand plötzlich eine ärmlich gekleidete Frau neben mir: „Im letzten Moment des Krieges haben sie uns das noch angetan, ist es nicht furchtbar?" Tränen standen in ihren Augen. „Der ganze Krieg war fürchterlich, nicht nur dieser sinnlose Bombentreffer!", rief ich aus. „Der ganze Scheißkrieg! Aber sie werden sehen, in ein paar Jahren ist alles wieder aufgebaut und Ihr Dom schaut auf die Regensburger hinunter wie seit eh und je!"

„Das habens' aber jetzt schön gesagt", meinte sie, „wissen's was? Sie werden sicher Hunger haben, kommen Sie doch mit mir nach Haus, ich lad Sie ein zu einem Essen!"

Gemeinsam wanderten wir durch die Straßen. „Sie müssen wissen", sagte die Frau und ihre Stimme begann zu zittern, „irgendwo ist mein Bub noch unterwegs, hoffentlich kommt er bald nach Haus; und ich wünsche mir, dass er auf seiner unfreiwilligen Wanderschaft auch Menschen findet, die ihm helfen oder etwas zum essen geben!"

Ihre Wohnung war klein, aber einfach und sauber, etwas, was damals keine Selbstverständlichkeit war. Wir nahmen in der Küche Platz. Bald prasselte ein Feuer im

Herd und die Frau setzte das Essen auf. Dann nahm sie eine Fotografie von der Kredenz und sagte: „Sehen sie, das ist mein Sohn, er ist bald zwanzig. Mein Mann ist seit dem 42er Jahr in Russland vermisst; ich weiß, man soll die Hoffnung nicht aufgeben, aber ich glaube nicht, dass er noch am Leben ist. Lebte er noch, hätte er sicher die Möglichkeit gefunden, sich zu melden. Und so bete ich jeden Tag zum lieben Gott, er möge mir nicht auch noch den Sohn nehmen! Mein Mann war Schreinermeister; als er einrücken musste, habe ich die Werkstatt aufgeräumt und sorgfältig versperrt. Seither wartet sie auf seine Wiederkehr, unversehrt und einsatz-bereit! Von Zeit zu Zeit habe ich sogar die Werkzeuge eingefettet, damit sie im Lauf der Zeit nicht verrosten. Der Reinhard, mein Sohn, sollte das gleiche Handwerk erlernen, bei seinem Vater arbeiten, um später einmal das Geschäft zu übernehmen. Alles war so einfach und machbar, bis der Krieg dazwischenkam." Mehr war nicht zu erklären. Das Schicksal dieser Familie glich jenem von hunderttausend anderen.

Dann setzte sie mir das Essen vor, ohne für sich ein Gedeck auf den Tisch zu legen. Als ich fragend auf-blickte, sagte sie: „Nein, nein, essen's nur, ich mach mir später etwas zu essen, bis die Nachbarin kommt. Wir kochen abwechselnd, einen Tag sie und einen Tag ich, so sparen wir Brennstoff. Es funktioniert ganz gut so!"

Ich fühlte mich von so viel Gastfreundschaft beschämt, ohne die geringste Möglichkeit, mich revanchieren zu können. Bald aber siegte der Hunger und ich aß, bis nichts mehr am Teller war. Als ich fertig war, fragte sie: „Wo wollen's denn überhaupt hin?"

„Nach Wien."

„Sind sie denn ein Wiener?"

„Nein, ich bin Sudentendeutscher. In meine Heimat kann ich nicht zurück, die Tschechen haben die Deutschen von Haus und Hof verjagt. Nun muss ich schauen, wo ich meine Familie finde. In Wien habe ich die größten Chancen dazu, denn dort wohnt eine Schwester meines Vaters."

„Dann wünsche ich Ihnen alles Gute und viel Glück bei der Suche nach Ihren Angehörigen!"

Ich bedankte mich herzlich, schließlich bekam ich noch ein paar Zigaretten in die Hand gedrückt. Für damalige Zeiten reichlich beschenkt, wanderte ich zum Bahnhof zurück. Ich machte es mir zum Grundsatz, die auf so spontane und natürliche Art empfangene Güte und Hilfsbereitschaft im Laufe des Lebens an andere Menschen weiterzugeben. Angenommen wurde sie oft, aber Dank und Anerkennung habe ich selten dafür bekommen.

Der Friedl war während meiner Abwesenheit nicht untätig gewesen. Gleich außerhalb des Bahnhofes befand sich eine Station des Roten Kreuzes; hier konnten heimkehrende Soldaten ein bescheidenes Quantum Verpflegung bekommen, das reichte, unseren Hunger für den nächsten Tag zu stillen. Friedl nahm in Empfang, was uns zustand, bevor der Laden zusperrte, weil es nichts mehr zu verteilen gab. Im Laufe des Nachmittags setzte sich der Zug wieder in Bewegung. Innerhalb von ein paar Stunden war die Strecke von Regensburg nach Passau gemeistert, aber dann war zunächst einmal das Ende des Bahnfahrens für uns gekommen.

Hier, am Bahnhof Passau war Endstation, über die Grenze nach Österreich verkehrten noch keine Züge. Wir könnten, sagte man uns, zu Fuß über die Grenze marschieren, vorausgesetzt, unsere Entlassungspapiere würden bei den amerikanischen Grenzkontrollen als unbedenklich anerkannt. Offenbar hatten sie die intensive Suche nach Mitgliedern der Waffen-SS und anderen Kriegsverbrechern noch nicht ganz aufgegeben. Fast drei Monate nach Kriegsende gab es noch jede Menge Mitglieder verschiedener Nazi-Organisationen, die irgendwo untergetaucht waren und sich vor der Verantwortung für ihre Untaten drücken wollten.

Die Nacht verbrachten wir, so habe ich's in Erinnerung, innerhalb des Bahnhofes, nicht gerade bequem, aber verhältnismäßig sicher. Erst am frühen Morgen wollten wir unsere seltsame Reise fortsetzen. Man hatte uns geraten, nach Schärding zu gehen, dort gäbe es die wohl einzige Gelegenheit, per Bahn weiterzukommen.

Die Sonne meinte es gut mit uns, als wir früh aufbrachen. Bald waren wir aus der Stadt und wanderten südwärts in Richtung Schärding. Nicht ganz zwanzig Kilometer lagen vor uns, eine Strecke, für die wir den ganzen Tag veranschlagten. Wir sagten uns, wenn morgen tatsächlich ein Zug von Schärding nach Linz abfuhr, so geschah es im Laufe des Vormittags, also hatten wir Zeit genug, um den heutigen Tag zu genießen.

Es dauerte nicht lange, bis wir die deutsch-österreichische Staatsgrenze erreichten. Ein Schlagbaum versperrte den unkontrollierten Durchgang, amerikanische

Soldaten prüften unsere Entlassungspapiere, in denen stand, dass wir nach Wien wollten. Das genügte offenbar, um uns mit einem freundlichen Lächeln passieren zu lassen.

Nun waren wir also in Österreich und dem Ziel um einen großen Schritt näher.

Es sollte der schönste und stillste Teil unserer Reise werden. Die Straße, auf der wir gemächlich dahinwanderten, war ruhig, Bauern mit Pferdegespannen, seltener mit Traktoren, waren unterwegs zu ihren Feldern; freundlich winkten sie uns zu. Den Hauptanteil am Verkehr bildeten die Jeeps und GMC-Trucks der amerikanischen Besatzungssoldaten, aber auch sie beachteten uns kaum, es gehörte damals zum Alltag, wenn deutsche Soldaten in ihren abgewetzten Uniformen auf den Landstraßen heimwärts strebten. Die Chance, hier per Anhalter weiterzukommen, war allerdings sehr gering, aber es war uns egal, auf welche Weise wir weiterkamen, Hauptsache, wir konnten uns in Richtung Heimat fortbewegen.

Bald erreichten wir das erste Bächlein, das zwischen noch ungemähten Wiesen munter dem Inn zustrebte. Etwas abseits der Straße fanden wir ein Plätzchen, wo wir ungestört das tun konnten, nach dem wir uns schon tagelang gesehnt hatten: sich uns endlich waschen zu können, den Dreck und den Schweiß von vielen Tagen vom Körper zu kriegen! Dann wuschen wir unsere Wäsche; mit grimmiger Freude bearbeiteten wir Hemden und Hosen, deren Farbe bereits undefinierbar geworden war, mit dem spärlichen Sand des Bachbettes, denn Seife hatten wir nicht. Schließlich lagen wir nackt in der warmen Sonne und warteten auf das Trocknen der Wäsche. Ich weiß nicht, ob sie vom langen Waschen heller wurde oder mehr von der bleichenden Kraft der Sonnenstrahlen. Seit dem Auszug aus dem Marburger Lazarett hatte ich mich nicht mehr richtig waschen können, überlegte ich, waren es drei oder vier Wochen gewesen? Kein Mensch, der es nicht am eigenen Leib erlebt hat, kann ermessen, welche Euphorie Saubersein hervorrufen kann! Es ist ein wesentlicher Bestandteil unserer Kultur.

Auf diese Weise seelisch gestärkt setzten wir unseren Weg fort. Vorbei an schönen Innviertler Vierkanthöfen, die, Bastionen gleich, stolz und unnahbar in der Landschaft standen, umgeben von Wiesen und Obstbäumen. Ich bewunderte den Anblick der alten, schön gegliederten Holztore mit den gemauerten Bögen. Meist waren sie geschlossen und verstärkten so den abweisenden Eindruck des ganzen Hofes. Trotzdem wagten wir, weil der Hunger uns plagte, einen Vorstoß gegen eine dieser bäuerlichen Festungen, und siehe da, es wurde uns geöffnet, der freundliche Altbauer schaute uns nur kurz an; er wusste Bescheid, bevor wir den Mund aufmachen konnten.

„Kommt herein", sagte er einfach, ging voran und wir folgten ihm, argwöhnisch vom Hofhund beschnuppert. „Essen ist noch keins fertig, aber hier habt ihr ein paar Schnitten Brot und ein Stück Käse, es ist nicht viel, aber es kommt von Herzen, ja, es is halt a schwere Zeit! Ihr könnt froh sein, dass ihr noch am Leben seid! Andere haben's nit g'schafft!"

Es war eine unerwartete Bereicherung unseres Speisezettels, die uns für den nächsten Tag der Sorge des Nahrungssuchens enthob.

Wir erlebten einen unbeschwerten Tag und fühlten uns wie Könige. Am späteren Nachmittag kamen wir an einem Kartoffelacker vorbei und konnten der Versuchung nicht widerstehen, ein paar Knollen auszugraben. Aber was tun damit? Roh essen? Kaum. In der Asche eines Holzfeuers braten? Schon eher, aber wo? Der Rauch würde uns wohl bald verraten. Wir beschlossen, beim nächsten Haus darum zu bitten, uns die paar Erdäpfel zu kochen. „Wenn's weiter nix is", sagte die Frau, „kimmts eina!" Sie stellte einen Topf mit Wasser auf den Herd und bald waren unsere Kartoffeln gar. Während wir aßen, kam der Sohn nachhause: „Passts nur auf, dass euch die Amis net erwischn, die schiaßn auf an jeden, der was klaut, ganz ohne Vorwarnung. Und Patrouillen san immer welche unterwegs! Denen is es wurscht, und wanns nur a paar Erdäpfel san, g'schossen muaß werdn!"

„Wo werds ihr denn schlafen heut in der Nacht?", fragte die Frau.

„Des wissen wir noch nicht!", sagte ich.

„Wanns wollts, könnts bei uns im Heustadl schlafen, aber ka Liacht anzünden, abbrenna wolln wir nit!"

Damit war auch die Quartierfrage zufriedenstellend gelöst. Welch großer Glückstag für uns arme Schlucker! Und die Erkenntnis: Es gibt eben doch noch einige gute Seelen, wenn auch nur ganz wenige. Die Kunst ist, sie dann zu finden, wenn man sie braucht.

Die Leute in Passau hatten recht gehabt; als wir am Schärdinger Bahnhof eintrafen, stand schon ein Zug bereit. Die Lokomotive, eine gute alte Zweiundfünfziger, wurde gerade angekuppelt, spie Rauch und Dampf in die Luft. Die Abfahrt nach Linz stand kurz bevor. Alle Waggons waren schon besetzt, überall drängten sich schwer bepackte Menschen, Soldaten, Zivilisten, Frauen und Kinder, alle wollten mitfahren, wir auch. Hinter der Lokomotive waren zwei Gepäckwaggons angehängt; sie hatten flache Dächer, die nur von ein paar Soldatenheimkehrern besetzt waren, also Platz genug auch für uns beide. Wieder saßen wir auf Panoramaplätzen mit guter Fernsicht. Unsere in Deutschland gesammelten Erfahrungen mit Bahnreisen hoch oben auf dem Dach waren hilfreich, nur eine Sache war neu für uns: noch nie war unser Platz so knapp hinter einer Lokomotive gewesen. Den Rauch und den Ruß, den die Lok ausspuckte, wehte der Fahrtwind direkt zu uns. Als wir in Linz wieder auf dem Gehsteig standen, sahen wir aus wie zwei Lehrlinge der Rauchfangkehrerzunft. Was würde Walter gesagt haben, wenn er uns in diesem Zustand gesehen hätte? Sicher war er längst zuhause, gekämmt, gewaschen, gut gekleidet und frei von jenen Sorgen, die uns quälten. Ich vergönnte es ihm.

Linz war für uns so etwas wie das Etappenziel einer Expedition in exotischen Ländern, allerdings ein sehr ramponiertes. Mehrere Luftangriffe hatten noch in den letzten Kriegswochen zahlreiche Wohnhäuser, Fabriken und Industrieanlagen zerstört; der Hauptbahnhof glich einem Trümmerhaufen. Ich weiß nicht mehr, wo unser Zug angehalten hatte, auf jeden Fall mussten wir ziemlich lange ins Stadtzentrum gehen. Der Friedl war noch nie in Linz gewesen, ich auch nicht, da fühlten wir uns etwas verloren in einer Stadt, die unter dem Krieg arg gelitten und noch nicht zum normalen Leben zurückgefunden hatte.

Wo sollten wir ein Schlafquartier für die kommende Nacht finden? Ein paar Mal fragten wir Vorübergehende, aber keiner wollte oder konnte uns helfen. Jeder hatte wohl mit sich selbst genug zu tun. Einer sagte uns, in Linz seien mindestens fünfunddreißigtausend Fremde mehr schlecht als recht untergebracht, wo sollte da noch ein Platz frei sein? Für Friedls Vorhalt, dass wir keine Fremden, sondern Österreicher seien, hatte er nur ein müdes Achselzucken: „Schaut doch einmal beim Roten Kreuz vorbei, wenn dort kein Platz ist für euch, dann habt ihr Pech gehabt!" Eingedenk der Tatsache, dass wir seit Wochen und Monaten jeden Schlafkomfort entbehren und unsere Häupter an den unmöglichsten Plätzen zur Ruhe legen mussten, suchten wir nicht lange. In einer Baubude, die man zuzusperren vergessen hatte, zwischen Kalk- und Zementsäcken, fanden wir ein verhältnismäßig annehmbares Nachtquartier.

Am nächsten Morgen galt es, eine weitere Hürde auf unserer Odyssee zu überspringen. Ein Gendarmeriebeamter, den wir auf der Straße ansprachen, erklärte uns die Situation, in der sich Österreich gerade befand. Das Land wurde von den Alliierten in vier Besatzungszonen geteilt, in Oberösterreich und Salzburg residierten die Amerikaner, in Vorarlberg und

Tirol die Franzosen, in Kärnten und in der Steiermark die Engländer, und schließlich in Niederösterreich, Burgenland und einem Teil des Mühlviertels hätten die Russen das Sagen. Hier, bei Linz, laufe diese Demarkationslinie zwischen Russen und Amerikanern in nordöstlicher Richtung vorbei und trenne den Ortsteil Urfahr, der sich am nördlichen Ufer der Donau befindet, von der Mutterstadt ab. Die Brücke über die Donau sei zur Zeit die einzige Verbindung nach Urfahr und ins russisch besetzte Mühlviertel. Und ohne entsprechendes Dokument ließen die russischen Grenzsoldaten niemanden passieren.

Das waren große Neuigkeiten für uns, die erst einmal verdaut werden mussten!

„Wir wollen nach Wien", fragte ich, „was müssen wir tun, um über die Demarkationslinie zu kommen?"

„Ihr müsst euch in der Linzer Polizeidirektion einen Identitätsausweis ausstellen lassen. Wenn ihr Glück habt, lassen euch die Russen mit diesem Papier durch; wenn nicht, müsst ihr es immer wieder versuchen, irgendwann werdet ihr schon durchkommen!"

„Klingt nicht gerade ermutigend", meinte ich, „aber wie sieht's denn dann in Wien aus? Wer hat dort das Kommando?"

„Wien ist auch viergeteilt, aber man kann ungehindert von einem Bezirk in den anderen gehen oder fahren, es ginge ja auch nicht anders. Die Kontrolle führen die Alliierten gemeinsam durch. Sie patrouillieren in einem Jeep durch die Innenstadt, der mit je einem Soldaten der vier Sieger besetzt ist, in den Außenbezirken fährt jede Besatzungsmacht mit ihren eigenen Soldaten."

Die ‚Vier im Jeep' sollten im Jahre 1951 auf der ganzen Welt durch eine Leopold Lindtberg-Verfilmung traurige Berühmtheit erlangen und stehen heute noch als Synonym für Besetzung, Besatzungswillkür und Unterdrückung, nicht nur für Österreich.

„Was dürfen eigentlich die Österreicher in ihrem eigenen Land tun?", fragte Friedl.

„Nicht viel, wir sind derzeit damit beschäftigt, eine funktionsfähige Regierung auf die Beine zu stellen, auch gilt es darüber nachzudenken, wie wir das Geld für die Reparationszahlungen und die Kosten der Besetzung zusammenbringen! Ja, es ist bitter, einen Krieg zu verlieren! Wir werden noch lange darunter zu leiden haben!"

In der Polizeidirektion herrschte reges Treiben. Vor dem Büro, das für die Ausgabe der Identitätsausweise verantwortlich war, hatte sich eine endlos lange Menschenschlange gebildet. Wir mussten uns hinten anstellen und machten uns auf eine mehrstündige Wartezeit gefasst, Zeit, die wir auch nutzten, von den wartenden Nachbarn viel Neues zu erfahren, Dinge, von denen wir bislang nicht die leiseste Ahnung gehabt hatten; woher sollten wir sie auch haben?

Endlich kamen wir an die Reihe und empfingen unser Papier, das uns die Weiterreise ermöglichen sollte. Man schrieb den sechzehnten August 1945. Ich weiß es so genau, denn ich besitze den Identitätsausweis neben ein paar anderen Zeitdokumenten heute noch. Er wurde nur auf Grundlage meines Entlassungsdokumentes aus dem amerikanischen Gefangenenlager ausgestellt, dieses wiederum enthielt nur Daten, die ich persönlich angegeben hatte. Hätte ich ausgesagt, ich sei der Kaiser von China, man hätte es eingetragen und amtlich festgehalten! Einer, der etwas zu verbergen hatte, fand leichtes Spiel beim Zurückhalten unliebsamer Informationen, und solche Leute gab es damals mehr als genug.

Der Gang über die Brücke nach Urfahr war spannend wie in einem Agentenfilm. Drüben, am anderen Ende, standen die russischen Posten, oder war's mehr in der Mitte? Auf einmal bin ich nicht sicher, egal, auf jeden Fall atmeten wir erleichtert auf, als man uns nach dem Vorzeigen des Ausweises ungehindert durchgehen ließ. Mit Ausnahme jener in Halle waren es die ersten russischen Soldaten, mit denen ich in Berührung gekommen war, und mein Misstrauen war groß, in diesem Fall unbegründet, wie sich herausstellte.

Fast konnten wir nicht glauben, dass alles so glatt ging, und hatten Angst, sie könnten sich's überlegt haben und uns aus irgendeinem Grund wieder zurückrufen.

Unwillkürlich beschleunigten wir unsere Schritte, bis wir am anderen Ufer angekommen waren.

Man hatte uns erzählt, dass es hier einen Fuhrwerksunternehmer gab, der Leute gegen ein geringes Entgelt von Urfahr an die Donau unterhalb von Mauthausen brachte. Dort könne man die Donau übersetzen und nach St. Valentin gelangen, von wo wieder Züge nach Wien abfuhren. Es dauerte nicht lange und wir kannten Abfahrtsort und Zeit, morgen früh um acht Uhr sollte es losgehen.

Wieder standen wir vor der Frage, wo wir unsere müden Häupter in der Nacht hinbetten sollten. Nach längerem Suchen fanden wir eine Schrebergarten-siedlung, deren Drahtgitter zerrissen war und in der einige Hütten von Kampfhandlungen beschädigt waren, zerschossen, mit zerbrochenen Fensterscheiben und aufgebrochenen Türen. In einer von ihnen machten wir es uns so bequem wie möglich. In einer alten Bade-wanne im Garten, die zum Auffangen des Regen-wassers diente, konnten wir den ärgsten Dreck von Gesicht und Händen waschen.

Auf unserem (Leidens-) Weg hatten wir keine Alter-nativen und keine Chancen, zu besseren Lebens-bedingungen zu kommen, und damit waren wir nicht allein; Hunderttausende in Deutschland und Öster-reich befanden sich auf unfreiwilliger Wanderschaft in ähnlichen Situationen. Man musste irgendwie über die Folgen der Katastrophe, die sich Krieg nannte, ohne Rücksicht auf Annehmlichkeiten, die man gerne ge-habt hätte, hinwegkommen. Ein Teufelskreis, in dem Schuldige und Unschuldige gleichermaßen kreuz und quer durchs Land ziehen mussten.

Als wir am nächsten Morgen zum vereinbarten Platz kamen, stand dort anstelle eines Autobusses ein Lastwagen bereit. Es war ein alter Opel Blitz mit einer Holzgasanlage, der uns etwa dreißig Kilometer näher an unser Ziel bringen sollte. Der Komfort hielt sich in Grenzen, besser gesagt, es gab nicht die geringste Spur davon; wie bei allen Stationen unserer Reise. Wäre auch abnormal gewesen in diesen elendigen Nachkriegs-zeiten. Auch waren wir in unserem eigenen Zustand hinsichtlich Bekleidung und Hygiene allen äußeren Gegebenheiten voll angepasst und integriert. Die abgewetzten Uniformen wurden von Tag zu Tag dreckiger und speckiger, Haare, Bart und Fingernägel immer länger; ich war froh, keinen Spiegel zu besitzen, um nicht hineinschauen zu müssen, es reichte mir, meinen Kompagnon anzusehen und den Schluss zu ziehen, dass ich nicht besser aussah. Insgeheim, damit es niemand merkte, flüsterte ich dem Holzgasgenerator zu: „Stinke und ruße, so viel du willst, es ist eh wurscht und egal, dreckiger kann man schon nicht werden."

Es dauerte geraume Zeit, bis die Menschen alle ihre Pinkeln, Säcke, Taschen und Pakete auf der Ladefläche verstaut hatten und selber Platz genommen hatten. Dann ging die Fahrt los, auf der Landstraße donauabwärts, durch Mauthausen, etwa zwei Kilometer weiter bis zu jener Stelle, wo sich die Straße bei dem Dörfchen Au dem Donaustrom annähert.

Hier hieß es umsteigen auf ein Fährboot, eines von drei oder vier, das sich hoffnungslos überladen, von einem etwa zwölf Jahre alten Buben gesteuert, schwankend in Bewegung setzte. Die Führer der anderen Boote waren kaum älter. Die Bordkante ein paar Zentimeter über dem Wasserspiegel, ab und zu schwappte eine Welle über, alles in allem für mich der gefährlichste Abschnitt unserer Reise, und nicht nur ich als Nichtschwimmer, sondern alle Insassen waren sichtlich erleichtert, als das Boot heil am anderen Ufer anlegte.

Von nun an war wieder Muskelkraft angesagt, mit anderen Worten, wir mussten zu Fuß weitergehen. Die Kolonne der Bootsinsassen, Soldaten, Frauen und

Kinder, setzte sich bald in Richtung St. Valentin in Bewegung. Vom Bahnhof St. Valentin bestand wieder die Möglichkeit, mit einem Zug in Richtung Wien weiterzukommen. Nach den schlechten Erfahrungen auf der bisherigen Reise wagte ich nicht anzunehmen, diese Bahnfahrt würde unsere letzte Etappe sein, zu oft gab es unvorhergesehene Hindernisse und Unterbrechungen.

„Dass wir morgen schon in Wien sein werden, kann ich fast nicht glauben", sagte ich zu Friedl, während wir auf der Landstraße dahinschritten, „nach allem, was wir erlebt haben, fängt man an, skeptisch zu werden!"

„Stimmt, aber ich glaub, wir haben's g'schafft! Was soll denn jetzt noch g'schegn? Sei net so pessimistisch!"

Hinter all diesen Gedanken stand die Sorge, die Situation in Wien könnte sich ganz anders darstellen, als wir es uns vorstellten. In den letzten Kriegstagen hatte es noch Zerstörungen und Verluste unter den Bewohnern gegeben und wir mussten mit der Möglichkeit rechnen, dass Menschen, die wir aufsuchen wollten, nicht mehr am Leben oder verletzt waren oder sich an einem anderen Ort befanden. Eine Art ängstlicher Spannung befiel uns, die andauerte, bis wir wieder in einen Fatalismus verfielen und uns sagten, was soll's, es kommt, wie's kommen muss, ohne dass wir etwas dagegen tun können. Darin waren wir einer Meinung.

Am Bahnhof St. Valentin begannen wieder andere Sorgen. Der Zug, der hier stand, war schon besetzt, als wir ankamen, und immer noch strömten Leute herbei, die auch mitfahren wollten. Es gab ein Geschiebe und ein Gedränge, begleitet von Streitereien, die uns veranlassten, die Versuche, ins Waggoninnere zu gelangen, bald aufzugeben. Wir suchten nach anderen Möglichkeiten. Nach längerem Suchen fanden wir ein Brett, das wir quer über die Puffer eines Waggons legen wollten, um auf diese Weise Sitzplätze zu bekommen. Nach einem Probesitzen fanden wir die Sache jedoch viel zu gefährlich, man musste die Beine herunterhängen lassen, ohne sich abstützen zu können; auch mit dem Festhalten gab es Probleme, mit einem Wort, so kurz vor dem Ziel wollten wir auf keinen Fall Kopf und Kragen riskieren. Ein Absturz wäre wahrscheinlich tödlich verlaufen.

Schließlich einigten wir uns, wieder einmal, auf eine Reise in der höchsten Kategorie, auf dem Dach, da hatten wir schon unsere Erfahrungen. Aber war das wirklich weniger gefährlich als auf dem Brett über den Puffern? Jetzt kamen uns Bedenken, denn der Zug hatte nur Personenwagen mit runden Dächern, die viel stärker gewölbt waren als die von Lastwaggons. Konnte man sich hier auch richtig festhalten? Es ging, man musste nur die Füße in Bereitschaft halten, um sich im Fall eines Abrutschens auf der Regenleiste abstützen zu können. Dazu gab es am höchsten Punkt aus dem Dach herausstehende kleine Entlüftungsrohre, an denen man das Gepäck befestigen und sich selbst anhalten konnte.

Eine letzte Alternative gab es noch: nicht mit diesem Zug mitzufahren, irgendwo zu übernachten und am nächsten Tag zeitig in der Früh am Bahnhof zu warten, um als Erster in den Zug zu kommen. Aber wieder einen Tag später nach Wien kommen, nein, das wollten wir auf keinen Fall.

Friedl machte den Anfang und kletterte hinauf.

„Wie schaut's aus?", fragte ich von unten.

„Es geht, sehr bequem is es net, aber es geht! Kannst aufikommen!"

Ich entfernte noch schnell das Brett, das immer noch auf den Puffern lag, damit nicht ein anderer auf den irren Gedanken kam, es zu benutzen, dann kletterte ich hinauf zum Friedl.

Wir waren nicht allein oben am Dach. Fast auf jedem Waggon saßen Leute und harrten der Dinge, die auf sie zukommen würden. Aus Schaden klug geworden, hatten wir einen der letzten Waggons gewählt, um nicht den Ruß der Lokomotive abzubekommen. Zum Glück herrschte warmes Sommerwetter; ich konnte mir nicht vorstellen, eine dermaßen exponierte Fahrt bei Regen oder kaltem Wetter zu unternehmen, es musste die Hölle sein!

Es dunkelte bereits, als sich der Zug endlich in Bewegung setzte. Bald hatten wir uns an die neue Situation auf dem erhöhten Dach gewöhnt und fühlten uns relativ sicher. Auch das Unterfahren von Brücken verlor nach und nach seinen Schrecken; zuerst glaubten wir, es sei nur wenig Platz über unseren Köpfen, aber es war mehr als genug Luft dazwischen. Es sollte aber schlimmer kommen.

Die erste größere Station war Amstetten. Als der Zug hielt, war es schon fast finster, die Bahnsteige nur spärlich beleuchtet. Auch dauerte der Aufenthalt länger, als üblich, denn viele Menschen stiegen aus und andere drängten an ihrer Stelle in den Zug. Die Letzteren waren deutlich in der Überzahl. Plötzlich tauchte zu unseren Füßen ein Fahrrad auf, von einem russischen Soldaten in die Höhe gehoben. Er deutete uns, es auf das Dach heraufzuziehen, und kroch dann nach. Mit ihm begann eine unerwartete Unterhaltung, die bis St. Pölten anhielt, denn da musste er wieder aussteigen. Äußerlich der Prototyp eines russischen Soldaten, breit, untersetzt, grobes, rundes, Gesicht, laute Stimme, schepperndes Lachen, Wodkafahne.

Aber dieses derbe Gesicht konnte lächeln und lachen und strahlte dabei Gutmütigkeit und Sympathie aus; gleichzeitig ließ er die Wodkaflasche in der Runde kreisen, jeder, der wollte, durfte sich eine Machorka-zigarette drehen, der Tabak lag auf einer Zeitung, für jedermann frei zugänglich. Wenn alle Russen so wären wie er, dachte ich, hätten sie von Anfang an ein besseres Image als die Amerikaner oder Engländer, und un-gezählte Räubereien, Plündereien und Vergewaltigungen hätten nie stattgefunden. Ich wusste, es war reichlich naiv, so zu denken, aber ich hatte Spaß daran, es mir wenigstens vorzustellen. Auch kam mir in den Sinn, dass es Übergriffe und Misshandlungen bei allen Armeen, einschließlich der deutschen, geben wird, solange Kriege geführt werden, und es stand leider zu befürchten, dass ein ewiger Friede Utopie bleiben würde. Die Tatsache, dass ich während meiner relativ kurzen Soldatenzeit weder Raub, Gewalt noch Mord erlebt hatte, hieße nur, dass ich großes Glück hatte, großes, unerwartetes Glück, und nicht, dass es sie nicht gegeben hatte.

Die Stimmung auf dem Waggondach, angefacht durch den Wodkagenuss, hielt an, obwohl die Flasche bald leer war. Ein Russe, der kein Wort Deutsch sprach, ein paar Landser, die nicht Russisch sprachen,

Menschen, die ein paar Wochen früher aufeinander geschossen hätten, wären sie einander begegnet, saßen friedlich auf einem Waggondach und sprachen miteinander, ohne viel zu verstehen, eher zu ahnen, was der andere meinte! Eine Begebenheit, die sich kaum noch einmal wiederholen wird. Fast bedauerten wir das Ende dieser seltsamen Unterhaltung, als der Zug in den Bahnhof von St. Pölten einfuhr.

Wir reichten ihm das Fahrrad hinunter und dann winkten wir einander zu, bis der Zug den Bahnhof verließ.

Nun war erhöhte Aufmerksamkeit geboten, denn, so sagte man uns, der Zug würde mehrere kurze Tunnels durchfahren, und die seien sehr eng. Aber wie sollten wir sie in der Finsternis erkennen? Da hatten wir auf den letzten Waggons keine Chance. Die einzige Möglichkeit war, den Kopf niedrig zu halten und auf die Warnrufe, die von den vorderen Waggons kamen, zu achten. Ich habe keine Ahnung, wie die Leute des ersten Waggons es bewerkstelligten, die Tunnels rechtzeitig zu erkennen. Wahrscheinlich sahen sie es im Licht der Lokomotivscheinwerfer, wenn einer aus dem Dunkel der Nacht auftauchte. Die Rufe schallten von Waggon zu Waggon, bis sie bei uns ankamen. Viel Zeit zum Niederducken blieb uns da nicht. Und es war wirklich nur ein winziger Spielraum, der uns oberhalb der Köpfe zur Verfügung stand.

Langsam rollte der Zug in das, was vom Westbahnhof übrig geblieben war. Es war nicht viel. Alles im Leben hat ein Ende, so auch diese Höllenfahrt, Gott sei Dank ohne Unfälle. Keiner der ‚Dachpassagiere' stürzte ab, niemand wurde ohnmächtig und keiner bekam eine Beule am Kopf ab. Der Morgen graute schon, als wir mit steifen Gliedern von unserem Dach herunterkletterten und zum Ausgang des Westbahnhofes strebten. Von den Gebäuden war wenig vorhanden, nur Mauerreste und Schuttberge, so weit das Auge reichte, beängstigend und deprimierend zugleich. Wie sollten alle diese Schäden jemals repariert werden?

Der Abschied mit dem Friedl war nur kurz. Wir beschlossen, uns ein paar Wochen später wieder zu treffen, dann, wenn halbwegs feststand, wie es weitergehen sollte mit dem Leben in Wien. Ein kurzes Händeschütteln, dann trennten sich unsere Wege, er in Richtung Brigittenau, ich nach Westen in den neunzehnten Bezirk.

Ein Marsch von etwa achtzehn Kilometern lag vor mir. Ich war hungrig und zum Umfallen müde; während der Fahrt hatten wir wach bleiben müssen, um nicht abzustürzen, nun machte sich der Schlafmangel bemerkbar. Ohne den Friedl fühlte ich mich plötzlich furchtbar allein, zu zweit war alles einfacher gewesen. Ich stolperte zu einer Bank und legte mich zu einer kurzen Schlafpause nieder.

Der Schlaf war traumlos, zumindest habe ich nichts anderes in Erinnerung. Hatte ich eine Stunde geschlafen, oder zwei? Da ich keine Uhr besaß, wusste ich es nicht. Schließlich ging ich los, die Gürtelstraße entlang, vorbei an Bombenruinen, die gespenstisch aussahen in der Dunkelheit, bis ich mein Ziel erreicht hatte.

Epilog

Damit schließt sich der Kreis. Nicht ganz, denn zwischen mir und meiner Heimat Nordmähren lagen noch gut zweihundert Kilometer, die zur damaligen Zeit unüberbrückbar waren. Die Grenzen zur Tschechoslowakei waren dicht und sie sollten es für viele Jahrzehnte auch bleiben. Bis zum Jahr 1993 sollte es dauern, bis ich das in all den Jahren vertraut gebliebene Land wiedersehen konnte. Gemeinsam mit Martina fuhr ich ein paar Jahre nach dem Zerfall des Ost-Kommunismus ins Kuhländchen, nach Neutitschein und schließlich nach Seitendorf. Aber es war nicht mehr das Seitendorf meiner Kindheit. Alles war anders geworden in vierzig Jahren Diktatur und Verstaatlichung; die gepflegten Felder waren verschwunden, von wild gewachsenen Wäldern verdrängt; dort, wo früher Feldwege in die schöne Landschaft führten, hatte sich undurchdringliches Dickicht breitgemacht. Auf den wenigen, von Stacheldraht umzäunten Weideflächen nahe der ärmlichen Häuser war nicht ein einziges Stück Vieh zu sehen. Alles schien sich in einem Dornröschenschlaf zu befinden; die Dorfstraße war fast menschenleer, bedrückend still, kein fröhliches Kindergeschrei, kein Hundegebell drang an unsere Ohren, und auch Geräusche irgendwelcher handwerklicher Tätigkeiten fehlten. Ich hatte den Eindruck, dass hier niemand arbeitete, aber auch nicht wirklich lebte, sondern nur vegetierte, ohne dabei Lebensfreude zu empfinden.

Ich hatte das Auto gegenüber der Schule, vor dem verfallenen Gebäude der ehemaligen Erbrichterei, geparkt. Ich schaute hinauf zu dem Haus, in dem wir gewohnt hatten; es hatte an der rechten Seite einen Anbau bekommen, hässlich und unförmig stand es jetzt da, der Gemüsegarten existierte nicht mehr, an seiner Stelle wuchs Gras, ungepflegt und voller Unkraut. Die klassizistische Fassade des Schulgebäudes war abgeschlagen, stattdessen hatte man einen glatten Verputz aufgebracht, zweifarbig, schon ein bisschen abgewittert und ohne Bezug zur ursprünglichen Architektur. Das Lehrerhaus an der Straße, Geburtsstätte meiner Mutter, war seiner Gedenktafel an den Schulgründer beraubt, auch die beiden Silbertannen, die mein Großvater vor dem Haus gepflanzt hatte, fehlten. Meine Gedanken wanderten zu Herta. In ebendiesem Haus hatten wir uns geliebt, zum ersten und zum letzten Mal. Wie doch das Leben spielt!

Nur das Haus des Schneidermeisters Cerny, gleich nebenan, schien unverändert, so wie er es mit eigenen Händen und mit denen seiner Anverwandten noch vor dem Krieg gebaut hatte. Sogar die Ziegel hatte er, dank des Vorhandenseins einer lehmigen Schichte auf dem eigenen Grund, eigenhändig geformt und gebrannt. Gelegentlich versuchte ich, ihm dabei zu helfen. Mit gutmütigem Lächeln quittierte er die Bemühungen des Zehnjährigen, es den Erwachsenen gleichzutun. Er hatte auch kein böses Wort für mich, als ich eines Tages den mit noch weichen und feuchten Lehmziegeln beladenen Tragatsch, eine Art offener Schubkarren, auf dem Wege zum Brennofen zur Seite kippte, weil mir die Last einfach zu schwer geworden war. Einige deformierte Ziegel waren schnell wieder in die rechte Form gebracht.

Großer Stolz bemächtigte sich meiner, als meine Mutter eines Tages mit mir zu Herrn Cerny ging, um mir ein neues Sakko schneidern zu lassen, ein sportliches Sakko sollte es sein, aus einem Stoff mit Hahnentrittmuster, wie's damals Mode war, und meinem Sonderwunsch entsprechend mit zwei langen senkrechten Quetschfalten beiderseits des Rückens, genau so, wie ich es bei meinem Lieblingsonkel Heli gesehen hatte. Es wurde das schönste Sakko meiner Kindheit. Wo sind die Zeiten, in denen ein Dreizehnjähriger mit zwei Quetschfalten an seinem ersten Sakko selig werden konnte?

Das alles ging mir durch den Kopf, als zwei ältere Frauen des Weges daherkamen. Ich bat Martina, ein Gespräch mit ihnen anzufangen, um zu erfahren, ob sie sich noch an die Vorkriegszeit erinnerten, natürlich in tschechischer Sprache. Umso verwunderter waren wir, als wir die Antwort auf Deutsch, wenn auch mit starkem tschechischen Akzent, bekamen.

„Natirlich ich erinnere mich", sagte die eine Frau, und als sie hörte, dass ich der Sohn des Oberlehrers Hermann sei, fuhr sie fort: „Ja, und bin ich bei ihrem Herrn Vater in die Schule gangen, weiß ich es noch sehr genau!" Letzte, allerletzte Spuren der Vergangenheit!

Die Nazis hatten auch hier, in unserem kleinen Paradies, ganze Arbeit geleistet. Alles war fremd geworden, Hitler hatte mit deutscher Gründlichkeit, ohne selbst ein Deutscher zu sein (und das ist die Ironie der Geschichte), dafür gesorgt, dass die Früchte seiner ,Taten' irreversible Schäden bis ins kleinste Dorf und bis ins kleinste Haus hinterlassen hatten. Auch die späteren Folgen waren katastrophal: Das, was die Nazis nicht mehr kaputtzumachen schafften, setzten die Kommunisten mit Bravour und Können fort. An großen Vorbildern fehlte es ihnen nicht und so bedurfte es keiner großen Anstrengung, in die Privatsphäre der Menschen einzudringen und ihnen die kommunistische Doktrin aufzuzwingen. Vierzig Jahre lang litt das tschechische Volk unter der Knute des Regimes. Sind diese vierzig Jahre genug Strafe für die Gräueltaten während der Vertreibung der Sudetendeutschen im Jahre 1945? Ich denke, so kann und darf man das nicht sehen. Die Initiative mit Übergriffen, Mord und Totschlag kommt stets von einer kleinen chauvinistischen Minderheit, nie aber von einem ganzen Volk, auch bei den Tschechen nicht. Warum also wieder das Märchen von der Kollektivschuld eines Volkes herbeiziehen? Unrecht mit neuem Unrecht vergelten? Wir sollten damit aufhören!

Ausklang

Von meinen Angehörigen fehlte jede Spur. Nur die Verwandten meines Vaters aus Südmähren waren nach und nach unter unsäglichen Entbehrungen in Wien angekommen. Meine Großmutter hatten sie samt ein paar Habseligkeiten auf einem Handkarren nach Wien gebracht. Tagelang waren sie unterwegs. Die Großmutter war weit über achtzig und nicht in der Lage, zu begreifen, was mit ihr geschah. Das Leid hatte sie still gemacht, als hätte sie das Sprechen verlernt. Auf der anderen Seite war sie von einer inneren Unruhe befallen, die es ihr unmöglich machte, ruhig am Tisch zu sitzen. Stundenlang wanderte sie, auf der Suche nach Heimat und Vergangenheit, durch die Umgebung, ziellos, ruhelos. Sie, die ihr ganzes Leben nur Arbeit, bäuerliche Arbeit, gekannt hatte, war nie gewohnt, innezuhalten, Stillstand und Muße waren für sie gleichbedeutend mit Pflichtverletzung und Sünde. Und nun hatte sie, plötzlich und ohne Übergang, nichts mehr zu tun, war mit einem Schlag jeder Arbeit enthoben, ohne Besitz, arm wie eine Kirchenmaus. Es muss furchtbar für sie gewesen sein.

Der Großvater war zwei Jahre früher gestorben und damit war ihm dieses große Leid, von Haus und Hof verjagt zu werden, erspart geblieben.

Auch von Walter kam kein Lebenszeichen, es war wohl noch zu kurz. Seit unserem Abschied waren erst ein paar Wochen vergangen.

Ich hatte fürs Erste in der Schrebergartenhütte meiner hilfsbereiten Tante Klara Quartier gefunden. Im Sommer unter Obstbäumen und inmitten vieler Blumenbeete zu leben war paradiesisch, aber was würde im Winter sein? Das Häuschen war zwar solide gebaut, aber ohne die geringste Wärmedämmung und während der kalten Jahreszeit kaum bewohnbar. Ich habe es trotzdem geschafft, einen Winter lang ohne Erfrierungen zu überleben, oder waren es zwei? Irgendwann erhielt ich Mitbewohner: meine Kusine Albine zog mit ihren beiden Söhnen zu mir ins Holzhäuschen. Hier warteten sie auf die Heimkehr meines Vetters Rudi.

Einige Wochen nach meiner Ankunft in Wien kehrte der Rudi Gargerle aus englischer Kriegsgefangenschaft in Afrika heim, krank, verzweifelt darüber, nicht mehr nach Nikolsburg zurückkehren zu können, und ohne Hoffnung, seines schlechten Gesundheitszustandes wegen wieder in seinem Beruf, er war Richter, arbeiten zu können. Auch hätte er nostrifizieren müssen, denn Österreich hatte die meisten ausländischen Doktorate, insbesondere jedoch jene der Universität Prag, nicht anerkannt. In fortgeschrittenem Alter, nach vielen Dienstjahren und jahrelanger Berufserfahrung noch einmal die Schulbank zu drücken, war für Rudi und tausende andere Akademiker einfach zu anstrengend, weil sie ja neben dem Studium auch noch den Lebensunterhalt verdienen mussten, und das häufig in einem ganz anderen Beruf als dem erlernten. Woher die Leute damals Kraft und Optimismus hernahmen, all diese Hürden zu überspringen, ist für mich heute noch eine

Rätsel. Ich war damals jung, sehr jung sogar, und mir stand, wie man zu sagen pflegt, die Welt offen, aber Menschen jenseits der fünfzig waren ungleich schlechter dran.

Der Rudi wusste genau, wie es um seine Zukunft stand, und doch verlor er nie seine gute Laune, zumindest nach außen hin. Zukunft hin, Zukunft her, die Familie hatte den Krieg heil überstanden, und nun galt es, die beiden Buben, Erich und Wolfgang, zur Schule zu schicken, etwas ‚G'scheites' werden zu lassen, und das war nicht einfach, damals schon gar nicht. Der Erich, musikalisch sehr begabt, erlernte das Geigenspiel und wurde später Erster Geiger der Münchner Philharmoniker, der Wolferl, mehr dem guten Leben zugetan, erlernte das Bäckerhandwerk, was ja auch nicht schlecht ist.

Gleich, nachdem ich mich in Wien ein bisschen eingewöhnt hatte, nahm ich den Brief meines Lazarettgenossen zur Hand (ich hatte schon früher darüber berichtet) und schickte mich an, in den siebenten Bezirk zu fahren, um ihn seinen Eltern zu überreichen. Rudi las Name und Adresse auf dem Umschlag, zufällig, wollte ihn schon gelangweilt zur Seite legen, stutzte dann aber und begann ein zweites Mal zu lesen: „Hinterberger? Hinterberger? Hermanngasse 147, zweiter Stock? Das gibt's doch nicht!", rief er voll Verblüffung und schüttelte den Kopf, „das k a n n nicht wahr sein!" Das, was nicht wahr sein konnte, war d o c h Realität: Rudi war in Afrika mit einem Wiener namens Karl Hinterberger beisammen gewesen, und der war der Bruder jenes Heinz Hinterberger, der in

Marburg mein Lazarettgenosse war! Dass sich ein solches Zusammentreffen jemals wiederholt, ist kaum vorstellbar. Naive Zeitgenossen würden gleich von Schicksal und Bestimmung reden, aber auch hier handelt sich's um reinen Zufall, nichts als Zufall.

Die Eltern Hinterberger waren nicht zu Hause, als ich das Haus nach längerem Suchen gefunden hatte. Es blieb mir nichts anderes übrig, als den Brief in den Briefkasten zu werfen und wieder heimzufahren. Ich hatte meine Pflicht erfüllt, alles andere würde sich von selbst erledigen …

Apropos Zufall: Als ich eines Abends durch Grinzing heimwärts strebte, sah ich einen Mann vor einem Haus kleine Steinchen an ein Fenster im ersten Stock werfen, weil offenbar die Türglocke nicht funktionierte; als ich näher kam, entpuppte sich dieser Mann als mein Onkel Walter, den ich ein halbes Jahr früher hätte im schlesischen Bautzen treffen können, wenn wir voneinander gewusst hätten!

Irgendwann bekam ich die erste Post von meiner Familie, sie war so wie drei Millionen andere Sudetendeutsche von den Tschechen enteignet und des Landes verwiesen worden und landete nach mannigfaltigen Irrwegen verhältnismäßig unbeschädigt im thüringischen Rudolstadt, wo mein Vater wieder als Lehrer arbeiten konnte …

Temporärer Quantensprung

Zur Zeit schreiben wir das Jahr zweitausendzwölf, in einem Monat etwa werde ich mit meinem Freund Walter zusammentreffen, nach siebenundsechzig Jahren und rund zwei Monaten! Während dieser Zeit haben wir voneinander nichts gewusst!

Wie kam es dazu? Es geschah im Mai des Jahres 2012, da saß ich eines Abends in unserem Haus in Südböhmen vor dem Fernseher. Man spielte, ich glaube, es war im ZDF, einen alten englischen Sherlock-Holmes-Film aus den Fünfzigerjahren des vorigen Jahrhunderts, in der Hauptrolle Basil Rathbone. Nicht unbedingt ein Fan von Schwarz-Weiß-Filmen, fesselte mich das Filmgeschehen aber so, dass ich bis zum Schluss durchhielt; und irgendeine geheime Botschaft meines Innersten ließ mich am Ende auch noch den Nachspann Revue passieren, etwas, das ich bis dato noch nie getan hatte, zumindest kann ich mich konkret nicht daran erinnern.

Der Nachspann führte, wie das so üblich ist, alle an dem Film Beteiligten namentlich an, darunter natürlich auch die Synchronsprecher. Wie durch einen Nebelschleier, schon reichlich teilnahmslos, weil schläfrig, konnte ich gerade noch den Namen Walter N. vorbeihuschen sehen, dann war der Spuk vorbei.

Walter N.? So hieß doch mein Kriegsfreund, von dem ich nie wieder etwas gehört hatte. Es wird viele

Menschen dieses Namens geben, dachte ich, aber wiederum nicht so viele, dass vielleicht doch die Möglichkeit bestünde, es handle sich um den ‚richtigen‘ Walter N., um ‚meinen‘ Walter. Aber wie sollte ich herausfinden, wo er sich aufhielt? Ich besaß weder Adresse oder Telefonnummer, noch den geringsten Anhaltpunkt, wo ich hätte ansetzen können. Bis mir einfiel, dass es doch Wikipedia und Google gab. Nun könnte der Beweis erbracht werden, dass die beiden Institutionen auch im privaten Bereich zu etwas nütze sind, in diesem Fall beim Aufspüren eines Menschen namens Walter N. Früher, bevor es Wikipedia und Google gab, wäre so eine Sache ungleich schwieriger und zeitraubender, vielleicht sogar unmöglich gewesen, nun aber war es bedeutend einfacher geworden, eine Stecknadel namens Walter N. im berühmten Heuhaufen unter Millionen anderer Menschen zu finden.

Gesagt – getan! Und in der Tat, es war weniger schwierig, fündig zu werden, als ich gedacht hatte. Innerhalb von Minuten wusste ich, dass ich auf der rechten Spur war. Ich fand sogar ein Video mit einem Interview Walters aus dem Jahr 2009, das die letzten Zweifel beseitigte.

Noch war ich nicht am Ziel. Ich hatte zwar den Inhaber der Sherlock-Holmes-Synchronstimme entdeckt, aber nirgends fand ich einen Hinweis auf Wohnort, Adresse, Telefonnummer oder E-Mail-Adresse. Schließlich las ich irgendwo, dass Walter N. viele Jahre beim Mitteldeutschen Rundfunk tätig gewesen sei. Ich schrieb an den MDR und bat, mein Schreiben an Walter weiterzuleiten.

Es dauerte bis zum 26. Juli, dann traf der lang ersehnte Brief von Walter ein. Er lautete:

„Lieber Helmut, das war ja mal eine Überraschung, eine freudige, nach 65 (fünfundsechzig!!) Jahren von Dir zu hören. Wie geht es Dir? Was machst Du? Wo lebst Du? usw. Viele Fragen, leider war bei dem Schreiben, was mir der MDR zuschickte, nur Deine Adresse und keine Telefonnummer dabei. Kannst Du mich anrufen? Meine Frau und ich leben vorrangig, vor allem im Sommer, in unserem Landhaus in …" es folgten Adresse und Telefonnummer, und zum Schluss: … *„Ich hoffe, bald von Dir zu hören und grüße Dich ganz herzlich Dein Walter."*

Zwei Tage später rief ich an. Seine Stimme besaß immer noch den unverwechselbaren Klang von ‚anno dazumal', als wir noch jung waren. Eine halbe Stunde dauerte das Gespräch, in dem wir zunächst vor lauter Freude darüber, einander nach einer so langen Zeit wieder zu hören, nicht genau wussten, wo wir beginnen sollten, ein Gespräch, in das wir gegenseitige Informationen hineinzustopfen versuchten, so viel nur ging, aber ein Menschenleben lässt sich nicht in eine halbe Stunde hineinkomprimieren, das merkten wir gleich und beschlossen, das Erzählen zu verschieben, bis wir uns persönlich treffen würden.

Seither haben wir versucht, einen für beide Teile akzeptablen Termin zu finden, aber es klappte bisher nicht, teils aus gesundheitlichen Gründen, teils, weil wir schon vorprogrammierte Reisen zu unternehmen hatten, aber auch, weil mein Auto zum günstigsten Zeitpunkt des vergangenen Jahres nicht fahrbereit war. Aber auch von Walters Seite schienen sich die Hindernisse, die einer Begegnung entgegenstanden, eher zu vermehren.

Nun aber setze ich meine ganze Energie ein, den in Erwägung gezogenen Zeitpunkt im Oktober Wirklichkeit werden zu lassen.

Zwei Jahre später. Im vergangenen Jahr hatten wir endlich einen Besuchstermin vereinbart, doch ein paar Tage vor der Zeit rief Walter mich an und sagte, seine Frau sei ernsthaft erkrankt und man müsse das Zusammentreffen auf unbestimmte Zeit verschieben.

Es war die letzte Nachricht von Walter, außer einer neutral gehaltenen Weihnachtskarte. Die Telefonate waren vorher immer seltener geworden, manchmal schien seine Stimme frisch und voller Humor zu sein, aber manchmal auch müde und einsilbig. Es hatte den Anschein, als hätte er Mühe, die richtigen Worte zu finden. Niemand ist mit 89 Jahren jederzeit frisch und munter. Irgendwann sagte ich ihm: „Walter, falls es irgendetwas gibt, weshalb du nicht mit mir zusammenkommen willst oder kannst, so sage es mir ehrlich. Ich werde es akzeptieren und dich nie mehr belästigen. Wir sind keine kleinen Kinder mehr!" Er antwortete, auch ihm läge sehr viel daran, mich wiederzusehen; immer wieder sagte er das, und dass er nicht den geringsten Anlass habe, gegen ein Treffen zu sein.

Vielleicht ist es besser, wenn wir uns nicht mehr wiedersehen. Niemand kann die Jugend mit ihren Wünschen und Sehnsüchten zurückholen. Was ist von all dem übrig? Nur ein winziger Rest ist geblieben, den es für jenen Teil des Lebens, der uns noch bleibt, zu bewahren gilt. Wer weiß, ob wir nicht enttäuscht gewesen wären von einander. Ich rede mir zumindest ein, dass es so hätte sein können; jeder von uns hat das Bild des Freundes jahrzehntelang im Herz getragen, aber es hat sich wohl, ohne dass wir es verhindern konnten, im Laufe der Zeit verändert, der Zahn der Zeit nagte daran und plötzlich sah alles ganz anders aus. Möglicherweise habe ich mich besser damit abgefunden. Scheint meine Bereitschaft, das neue Bild von uns Altgewordenen zu akzeptieren, größer zu sein als die von Walter? Ich weiß es nicht. Ich habe keine andere Wahl, als die von ihm getroffene Entscheidung ohne Groll zu respektieren und ihm für den Rest seiner Jahre Gesundheit, Schmerzfreiheit und Zufriedenheit zu wünschen.

Auf jeden Fall ist es der letzte Abschied, von dem ich berichte.

Ende

Der Autor

Der deutsch-österreichische Autor Helmut Hermann, Jahrgang 1927, erlebte den Zweiten Weltkrieg als Gymnasiast und Soldat, wovon auch sein Erstlingswerk „Zeit der hundert Abschiede" handelt.

Er war als Redaktionsassistent, später in der Baubranche als Architekt, Planverfasser und Bauleiter tätig, bevor er 1987 in den Ruhestand trat. Er ist verheiratet und hat fünf Kinder.

In der Freizeit war er Bergsteiger, Kletterer und Alpenvereinsfunktionär; er fotografiert gerne, befasst sich mit Aquarellmalerei, unternimmt Kunstreisen, liebt klassische Musik & Jazz und interessiert sich für alles, was der Begriff „humanistisches Weltbild" umfasst.

Der Verlag

*Wer aufhört
besser zu werden,
hat aufgehört
gut zu sein!*

Basierend auf diesem Motto ist es dem novum Verlag
ein Anliegen neue Manuskripte aufzuspüren, zu ver-
öffentlichen und deren Autoren langfristig zu fördern.
Mittlerweile gilt der 1997 gegründete und mehrfach
prämierte Verlag als Spezialist für Neuautoren in
Deutschland, Österreich und der Schweiz.

**Für jedes neue Manuskript wird innerhalb
weniger Wochen eine kostenfreie, unverbind-
liche Lektorats-Prüfung erstellt.**

Weitere Informationen zum Verlag und
seinen Büchern finden Sie im Internet unter:

w w w . n o v u m v e r l a g . c o m